8°J
8417

AF297529

Pour le Droit et pour la Paix des Peuples

L'UNITÉ ROUMAINE

PAR

MARCEL GUILLEMOT

Avec une Carte Ethnographique

PARIS

- 1919 -

L'UNITÉ ROUMAINE

8° J
8417

L'UNITÉ ROUMAINE

PAR

Marcel GUILLEMOT

Avec une carte ethnographique

PARIS

Imprimerie DUBOIS & BAUER

34, rue Laffitte, 34

1916

PRÉFACE

Les ennemis de la Roumanie, les Hongrois et les Bulgares en première ligne, n'ont jamais cessé et ne cessent point de répandre contre elle de faux bruits tendancieux. Ils tablent sur l'ignorance d'une grande partie de l'opinion publique pour accuser le peuple roumain d'être entré en guerre dans un but de conquête impérialiste.

A ces ennemis héréditaires se sont joints les bolcheviks russes avec le bulgare Racovski. Ces nouveaux agents à la solde de l'Allemagne dénoncent aux socialistes de tous les pays les Roumains comme des bourgeois conquérants, ils les opposent aux Allemands et à leurs alliés qui, d'après eux, ne désiraient qu'une paix sans annexions et sans contributions. Quoique les événements ultérieurs aient montré sous leur vrai jour les Roumains et leur calomniateurs, nous croyons utile, pour éclairer la religion des pays alliés et neutres, de résumer la question de l'unité politique des Roumains, car c'est l'une des plus importantes à résoudre dans l'Europe Orientale.

Les aspirations des Roumains, leurs efforts en vue de réaliser l'unité d'Etat, leurs luttes contre l'action de dénationalisation entreprise par les Magyars sont ignorés en Amérique et insuffisamment connus en France comme en Angleterre. Les Hongrois, en effet, de tout temps n'ont reculé devant aucun moyen pour étouffer la voix des peuples qu'ils opprimaient.

L'aristocratie magyare, grâce à ses relations avec les milieux influents des pays de l'Entente, a pu tromper

[...] que [...] Hongrois [...] autres [...]
[...] point historique, revendication [illegible].

[...] leurs prétentions, [...] invoquaient [...]
[...] des considérations de tous ordres. Au
[...] numérique, ils falsifiaient les statistiques.
[...] vue historique, ils prétendaient être un
[...] en Transylvanie, bien qu'ils y fus-
[...] huit siècles après les colons de Trajan, alors
[...] les Roumains et ils représentaient ceux-ci
[...] immigrés. Ils ont trouvé un savant allé-
[...] comme Ræssler, pour construire de toutes pièces
[...] scientifique susceptible de justifier leurs pré-

[...] historiques et ethniques les démentent. Le
[...] roumain est né dans les Carpathes et dans la
[...] du Danube. Vers le x⁰ siècle, les Hongrois ont
[...] une grande partie de son pays. Malgré cela
[...] les Roumains ont su garder intacts leur natu-
[...] leur langue et constituer des groupements
[...] qui, tout en défendant énergiquement
[...] siècles, leur indépendance, ont servi de rem-
[...] que contre l'invasion musulmane. C'est ces
[...] seules ont entravé le développement normal
[...] peuple latin et notamment l'ont empêché de se
[...] en un seul État.

[...] peu scrupuleux ont profité de circons-
[...] favorables pour occuper ou détacher successive-
[...] de leur patrie certaines provinces roumaines,
[...] que les contrées formant le voïvodat ou prin-

cipauté de Transylvanie furent soumises tantôt à la suzeraineté de la couronne de Hongrie, tantôt à celle de la Turquie, jusqu'à ce qu'elle fût réunie à l'Autriche.

C'est en faisant assassiner Michel le Brave que l'Autriche détache la Transylvanie de la Valachie et de la Moldavie que ce prince avait assemblées sous un même sceptre. La Dobrogea fut arrachée à la Roumanie par la Turquie au XV⁰ siècle, la Bucovine enlevée à la Moldavie par l'Autriche en 1775, la Bessarabie ravie à la Moldavie par la Russie en 1812.

La Moldavie et la Valachie formèrent longtemps deux Etats séparés, qui reconnaissaient la suzeraineté turque, mais gardaient leur indépendance. Le maintien de la séparation de ces Etats dans la première moitié du XIX⁰ siècle fut un effet des politiques russe et autrichienne. Ce n'est qu'en 1859, à la suite de la guerre de Crimée, que les deux principautés roumaines purent ne former qu'un tout. Depuis, la Roumanie a prospéré très rapidement.

La Dobrogea fut rendue à la Roumanie, partie en 1878 et partie en 1913, à la suite de deux guerres heureuses.

La Russie et l'Autriche-Hongrie ont empêché les autres provinces roumaines de se réunir à la Roumanie, au mépris des aspirations de leurs populations. Dès que la puissance militaire russe s'effondre, en 1867, la Bessarabie, qui avait gardé vivante la conscience de sa nationalité, se joint spontanément au royaume roumain.

Les seules provinces restées détachées sont celles de l'ancien empire austro-hongrois. Le préjugé qui faisait considérer comme une nécessité européenne le maintien de l'intégrité de la monarchie dualiste a fait trop longtemps durer cette anomalie en interdisant le groupement des nationalités en pays unitaires.

La guerre d'Italie de 1859 n'a pas résolu le problème

des diverses nationalités d'Autriche-Hongrie. La guerre austro-prussienne de 1866 a empiré la situation des Roumains de la Monarchie dualiste en les rattachant à la Hongrie. Le système de l'Autriche consistait à diviser les peuples pour les mieux dominer, celui de la Hongrie fut de les supprimer en les magyarisant par la contrainte. Les droits politiques étaient conçus et appliqués par les Hongrois de telle manière, pour les Roumains, que ceux-ci, au prix des plus grands efforts, parfois même après des luttes sanglantes, n'ont jamais pu envoyer plus de cinq députés au Parlement hongrois pour représenter une population dépassant 3 millions et demi d'habitants. Les luttes nationales sont devenues plus vives de ce fait, les Roumains ayant à défendre leurs droits les plus essentiels contre ceux qui leur contestaient même celui de vivre. Cependant, à travers l'histoire de leur long martyre, les Roumains vivaient dans la foi du dicton populaire : « Le Roumain ne périt pas. »

La population des villages roumains, transférée par les Hongrois à l'intérieur de la Pusta (1), a conservé sa langue et sa conscience nationales, tout comme les Roumains qui furent transplantés par les Russes dans les steppes du Don.

La guerre mondiale vient de démontrer que l'existence de la monarchie austro-hongroise est incompatible avec le maintien de la paix au centre de l'Europe ; à l'occasion de ce conflit, la question de la liberté des nationalités de cet empire s'est posée d'une manière subite et violente.

Le monde ne voudra pas recommencer avec ce nouveau malade la triste expérience faite pendant plus d'un siècle avec la Turquie. Sa survivance ne saurait profiter qu'à la coalition prusso-magyare, et l'on sait trop que

____

(1) La plaine hongroise.

ces deux nations ne poursuivent que des buts de domination par la suppression des nationalités autres que les
leurs.

On a pu reconnaître cependant les forces centrifuges
que déterminent les sentiments d'indépendance de ces
nationalités méconnues, et cela malgré le régime de ter-
reur qui régnait dans l'empire. L'état d'esprit des prisonniers roumains de Russie, leur enrôlement volontaire
dans les armées de l'Entente, le refus des Roumains de
Hongrie de marcher sous le drapeau hongrois, les ont
surabondamment établies. Le commandement magyar
fut forcé de dissoudre nos régiments nationaux et d'en
amalgamer les éléments avec des troupes hongroises ou
allemandes.

Ces faits, en si étroite relation avec la solution du
problème roumain, sont mal connus en Occident. Il
convient de les rappeler dans ce résumé, afin d'attirer
l'attention de l'opinion publique alliée sur le véritable
caractère de revendications, pour lesquelles le peuple
roumain a fait tant de sacrifices, a versé tant de sang.
Si ces revendications n'étaient point réalisées, il serait
condamné pour assurer sa liberté, à devenir un facteur
de trouble et d'agitation dans le monde. La constitution
d'un Etat roumain libre et fort contribuera, au contraire,
au développement pacifique de l'Europe centrale et
orientale, où, d'une part, avec la Pologne et les Tchéco-
Slovaques, il aura pour mission de former tampon entre
la Russie et l'Allemagne et, d'autre part, avec les Yougo-
Slaves et les Grecs, il formera la barrière du Sud contre
les appétits éventuels des Germano-Magyars.

Nous passerons en revue d'abord l'histoire des luttes
que les Roumains d'Autriche-Hongrie eurent à soutenir,
en particulier contre les Hongrois, pour garder leur nationalité ; ensuite, nous montrerons quelle est la population des pays roumains, comment elle se répartit. De cette

étude résulteront les droits historiques et ethniques des Roumains sur les territoires qu'ils habitent.

Nous continuerons en indiquant les causes économiques qui solidarisent toutes les provinces roumaines et les raisons stratégiques qui imposent leur union dans un seul Etat libre et fort.

Nous étudierons aussi les motifs pour lesquels la Roumanie est entrée en guerre, nous raconterons la guerre roumaine, nous dirons les efforts qu'elle y a déployés, les raisons de son échec momentané, les services qu'elle a rendus à ses alliés.

Nous montrerons ce que la population roumaine a souffert de l'invasion allemande, nous décrirons les traitements qu'ont subis les prisonniers roumains, et nous tracerons le tableau de ce que fut la paix allemande.

Nous terminerons ce travail en indiquant les moyens de réparer une partie des pertes éprouvées et de rendre au pays la possibilité de se reconstituer ; enfin nous indiquerons le rôle que doit jouer une Roumanie unie et forte, et l'intérêt que ses alliés ont à la réaliser dans l'Orient de l'Europe et aux bouches du plus grand fleuve européen.

LES ROUMAINS
SOUS LE JOUG HONGROIS

Nous ne nous attarderons pas ici dans de longs développements historiques. Nous voulons seulement établir quelques points de repère qui permettront de suivre à travers les siècles l'évolution du peuple roumain.

Au Ier siècle de l'ère chrétienne, les territoires compris entre le Danube, la Theiss (Tisza) et le Dniester étaient habités par des peuples d'origine thrace, connus dans l'histoire romaine sous le nom de Daces, peuple guerrier dont la capitale se trouvait à Sarmisegetuza dans les Carpathes de Transylvanie.

Les Romains conquirent ce pays, à la suite de trois campagnes très dures, entre les années 101 et 106.

Les colons romains amenés par Trajan donnèrent naissance, par leur croisement avec les indigènes, au peuple roumain. Les Roumains sont par conséquent un peuple latin, doublement apparenté aux Français, car on sait que les Thraces étaient parents des Celtes.

La Dacie devint une des provinces prospères de l'empire des Césars. L'invasion des Goths, puis celle des Huns, mirent fin à la domination romaine en Dacie. Cette colonie eut ensuite à supporter l'invasion d'autres barbares qui convoitaient l'empire romain d'Orient. Les Slaves seuls exercèrent une influence sur la langue roumaine. Les Bulgares, de race mongole, n'eurent qu'une influence politique.

L'invasion des Hongrois eut lieu beaucoup plus tard,

vers la fin du IX° siècle. Ils entrèrent en contact avec les Roumains de Transylvanie à la fin du X° siècle seulement.

Les rois de Hongrie, arrivés à leur apogée, firent facilement reconnaître leur suzeraineté par les petits Etats roumains des Carpathes de Transylvanie et des pays limitrophes, mais ne les assujettirent pas. C'est seulement au XIV° siècle que les voïvodes (princes) de Valachie purent s'émanciper complètement des rois de Hongrie. La Moldavie s'organisa sous un prince roumain venu du Maramuresh.

Tous les efforts des rois magyars pour conquérir les principautés danubiennes se brisèrent devant la résistance de ces pays. D'ailleurs, l'influence des voïvodes de Valachie et de Moldavie s'étendit à diverses reprises sur les Roumains des districts contigus de Transylvanie.

Les Hongrois établirent néanmoins leur domination absolue sur les pays roumains compris entre la chaîne intérieure des Carpathes et la Theiss, que nous appellerons Transylvanie (1).

Et même ces provinces ne firent pas toutes partie intégrante du royaume de St-Etienne : les rois de Hongrie n'y furent reconnus qu'en qualité de suzerains jusqu'à la bataille de Mohacz (1526), après laquelle la Hongrie tomba sous le joug ottoman. La Transylvanie, en raison de sa situation stratégique, ne fut d'ailleurs jamais totalement occupée par les Turcs, même à l'époque où ils s'approchèrent des portes de Vienne.

La partie orientale de la Transylvanie fut colonisée par une tribu hongroise : les Szeklers ou Secouis. Des co-

---

(1) Nous employons ce nom pour faciliter notre exposé, mais la Transylvanie proprement dite ou Ardeal ne forme que la partie centrale et orientale des provinces roumaines de Hongrie. Il faut y ajouter : au Sud-Ouest, le Banat de Temesvar, entre Danube, Theiss, Muresh et Carpathes; à l'Ouest, la Crishana; au Nord, le Maramuresh (voir la carte).

lonies allemandes, amenées par les rois de Hongrie, furent, en outre, disséminées parmi la grande masse de la population roumaine. Ces colonies jouirent de privilèges spéciaux et on leur octroya un partie des propriétés des Roumains.

Après la bataille de Mohacz, la Transylvanie reconnut la suzeraineté turque et vécut dans des conditions analogues à celles des deux autres provinces roumaines.

XVe - XVIe siècles

Pendant les xve et xvie siècles, l'activité politique des trois principautés fut absorbée soit par les guerres contre les Turcs et les Polonais, soit par des luttes intestines, provenant des rivalités entre les princes régnants. Comme partout ailleurs, le sentiment de nationalité était alors plus faible que la volonté des souverains.

Le régime féodal introduit par les Hongrois en Transylvanie est resté en vigueur jusqu'à nos jours. Cet état de choses est aggravé par le fait que les nobles sont étrangers à la masse du peuple avec lequel ils ne veulent rien avoir de commun.

Ce n'est pas sans résistance que les Roumains acceptèrent la servitude hongroise. Dès 1437, il y eut en Transylvanie une révolution roumaine contre les oppresseurs. Les Hongrois, se sentant trop peu nombreux et trop faibles, s'unirent avec les Allemands et les Secouis de l'Ardeal et formèrent l'alliance qu'on appela : « l'union des trois nations ». Ils étouffèrent la révolte et déclarèrent que les trois nations, hongroise, szekler et allemande, avaient seules des droits dans le pays, que les Roumains n'y étaient que tolérés.

Les Roumains, professant la religion grecque orthodoxe, ne pouvaient fusionner ni avec les Hongrois, qui étaient passés au calvinisme, ni avec les Sécouis catholiques, ni avec les Allemands catholiques ou protestants. Les différences de religion séparaient, à cette époque, encore plus que les différences de langue.

Michel-le-Brave, voïvode de Valachie, après avoir écrasé les armées turques qui envahirent son pays, comprit que seule l'union de tous les Roumains sous un même sceptre pouvait constituer un État assez fort pour résister aux invasions étrangères. Il conquit la Transylvanie et la Modalvie (1599-1600) et fit l'union des 3 principautés roumaines. Cette union ne fut qu'éphémère. Pris entre les intrigues des nobles hongrois et des Allemands de Transylvanie, avec lesquels il n'avait pas rompu, et la duplicité de l'empereur d'Autriche, qui s'était servi de lui pour arracher la Transylvanie aux Hongrois afin de l'annexer à l'empire, Michel ne put se maintenir en Transylvanie contre cette coalition. En même temps les Polonais avaient envahi la Moldavie et l'œuvre d'union de Michel-le-Brave s'effondra. Lui-même tomba sous les coups des assassins soudoyés par le général autrichien Basta (1601).

Cependant, les Roumains avaient entrevu leur union nationale. Michel-le-Brave avait ébauché une organisation religieuse qui les rattachait à une autorité unique.

XVII⁰ - XVIII⁰ siècles

Les Hongrois, de nouveau maîtres en Transylvanie, renouvelèrent l'union des trois peuples, qui interdit tout contact avec les Roumains de Valachie et de Moldavie. A cette époque, la dénationalisation ne pouvait se faire que par l'Eglise. Les Roumains furent mis dans l'alternative de continuer à être des serfs ou bien de passer à la religion calviniste. C'était, pour les Hongrois,

Transylvanie à l'Autriche, et lorsque celle-ci en devint
maîtresse et maître dans la monarchie, l'empereur Léopold poursuivant à l'égard des Roumains le même
but que les Hongrois, essaya de les convertir au catho-
licisme, tout en alimentant l'inimitié entre les nobles
magyars, leurs alliés allemands et szeklers d'une part
et les Roumains d'autre part.

L'empereur Léopold promit aux Roumains, qui abju-
reraient leur foi, l'émancipation du servage. Les Roumains représentaient les 2/3 de la population de Transylvanie, et ils avaient des vertus guerrières que les
Habsbourg entendaient utiliser.

Le clergé roumain ne voulant pas abandonner la
orthodoxe, une transaction intervint, par laquelle les
Roumains renonçaient à toute relation avec leurs con-
génères des principautés et reconnaissaient l'autorité
spirituelle du Pape ; en échange, ils obtenaient d'être
« considérés » comme « indigènes » au lieu de n'être
que « tolérés ».

En 1700, l'Eglise unie gréco-catholique fut créée. En
fait, les nobles hongrois, restés maîtres de l'administration du pays, n'appliquèrent pas les concessions
accordées par l'empereur. Plus tard, l'empereur Charles VI, puis Marie-Thérèse reprirent l'action de libération religieuse des Roumains. En même temps, ils se
servaient d'eux pour intimider les magnats (nobles)
hongrois et pour réduire leur prétentions excessives.
Ensuite les Habsbourg et les nobles hongrois se récon-
ciliaient aux dépens des Roumains. La cour de Vienne
jouait double jeu ; elle se faisait passer pour protec-
trice des nationalités opprimées, afin de mieux s'en servir pour mater la noblesse étrangère, puis, la réconci...

tion faite, elle sacrifiait ceux qui avaient lutté pour l'empereur.

Afin de donner une idée de ce qu'endurait le peuple roumain, nous citerons une partie de la supplique de l'évêque uni des Roumains Micul (Klein) à l'empereur Charles VI, en 1735 :

« Non seulement on ne crée aucune école pour les enfants roumains, mais encore il leur est interdit de fréquenter les écoles publiques. Les adultes ne sont admis à aucune fonction. Ils n'ont le droit ni d'acheter des biens, ni de prêter. Ils ne peuvent planter de vignes, ni cultiver de jardins, parce que les sujets impériaux des autres nationalités ont le droit de les abîmer. Ils n'ont aucun droit ni sur les eaux ni sur les forêts. Ils ont seulement de lourdes et nombreuses charges à remplir, et, quoiqu'ils les accomplissent consciencieusement, ils ne sont pas considérés comme fils de la patrie mais seulement comme « tolérés ».

L'empereur, qui s'était reconcilié avec les Hongrois, renvoie la supplique à la diète de Cluj (des trois nations unies) et répond :

« L'évêque et le clergé unis demandent des choses que personne n'a jamais demandées à nos aïeux, et qu'on ne pourra plus demander à nos descendants, car ils demandent de renverser le fondement de nos droits et de nos libertés, de troubler le système entier de ce pays, tant en ce qui concerne les affaires religieuses que les choses politiques et économiques. Ils demandent enfin ce qui ne peut être jamais accordé au clergé et à la plèbe valaque, à cause de leur nature bien connue. »

L'évêque et le clergé roumains demandaient l'exécution des conditions du concordat de l'année 1700.

Aussi la nouvelle séparation religieuse entre les Roumains n'eut pas d'effets plus sérieux que la propagande calviniste.

[illegible] Marie-Thérèse [illegible] certains droits aux vétérans roumains (gardes [illegible] des frontières), mais ne les appliqua plus [illegible] de Pressbourg, lorsque les nobles hongrois [illegible] sous leur protection.

Après la guerre de Sept ans, les prétentions [illegible] grois à l'hégémonie dans l'Empire devinrent [illegible] rables à Joseph II. Il appliqua de nouveau les privilèges des gardes frontières roumains et fit publier des livres scolaires en langue roumaine et en allemand [illegible]. D'autre part il encouragea par des émissaires [illegible] mains qui s'étaient révoltés dans les montagnes [illegible] tales contre le joug hongrois, en demandant [illegible] nation roumaine, qui est la plus ancienne et la plus nombreuse, les droits qui lui sont dûs ». Les Hongrois terrorisés se soumirent à l'empereur et demandèrent [illegible] secours. Les révolutionnaires roumains furent vaincus par les armées impériales et les chefs, livrés aux [illegible] hongrois, périrent dans les supplices (1789) (1).

La diète de Cluj impose en 1792 la langue magyare dans toutes les écoles de Transylvanie.

En 1775, l'Autriche avait arraché à la Moldavie [illegible] plus belle province, la Bucovine, qui était en même temps la clef stratégique du pays.

Pendant les guerres contre Napoléon, l'empereur François accorda aux Roumains le droit d'ouvrir [illegible] écoles et sépara l'Eglise roumaine du Banat de l'Eglise [illegible]

Paris

(1) C'est la révolution des Moïsi dont les chefs [illegible] Cloanca et Crishan.

serbe, à laquelle elle était inféodée. Mais, après le traité de Vienne, les persécutions hongroises reprirent de plus belle.

XIX* *siècle*

Les Roumains, désireux de progrès et d'instruction, réussirent, dans les rares accalmies que leur laissaient les persécutions, à organiser leur église et à créer des écoles confessionnelles nationales.

Les jeunes gens allèrent à Vienne et à Rome compléter leur instruction. Ainsi se crée en Transylvanie un centre de culture roumaine dont les représentants passèrent ensuite les montagnes et vinrent fonder les premières écoles roumaines de Valachie. C'est à Rome que le clergé de l'église unie reprit conscience de l'origine latine des Roumains.

Le prince de Valachie, dont le règne jeta un dernier rayon de splendeur sur le pays, Constantin Brancovan, très fin et cultivé, diplomate habile, entretint des relations suivies avec le clergé roumain de Transylvanie. Il eut à lutter contre les prétentions de la maison d'Autriche, qui après avoir annexé la Transylvanie, voulait annexer aussi la Valachie. Brancovan périt décapité avec toute sa famille à Constantinople, après avoir été enlevé traîtreusement par les Turcs de sa résidence de Bucarest (1714).

A partir de 1716 les principautés roumaines ne furent plus gouvernées par des princes nationaux, mais par des phanariotes (Grecs du faubourg de Phanar à Constantinople) que le sultan nommait sans consulter les boyars (nobles) du pays. Les riches Grecs du Phanar surenchérissaient afin de pouvoir occuper le trône de Moldavie ou de Valachie. Les candidats achetaient les hauts dignitaires ottomans, payaient cher leur charge et se rattrapaient sur le pays qu'ils mettaient en coupe réglée.

Peu à peu la noblesse roumaine fut remplacée en grande partie par des Grecs de Constantinople, qui reçurent toutes les fonctions importantes de l'Etat. Les paysans furent ruinés et réduits en servage.

Les Grecs fondent dans le pays des écoles grecques et répandent leur culture intellectuelle parmi la classe noble. Une époque commence où les Roumains qui veulent s'instruire ne peuvent le faire qu'en grec.

C'est sous ce régime que la Moldavie perdit la Bucovine, arrachée par l'Autriche en 1775, et la Bessarabie, prise par les Russes en 1812.

La renaissance roumaine vint de Transylvanie. Des professeurs roumains d'outre-monts, chassés par la persécution hongroise, organisèrent les premières écoles supérieures dans les principautés et créèrent, avec le concours de quelques boyards du pays, le mouvement intellectuel roumain (1800-1820).

A ce moment, une révolution politique fut entreprise par un petit propriétaire rural, Tudor Vladimiresco, qui leva l'étendard du nationalisme roumain. Il fut assassiné par les émissaires du prince grec Ypsilanti, chef du mouvement « hétairiste » grec.

Après la défaite des Grecs (1821), à Dragasham, le sultan nomma comme princes de Valachie et de Moldavie des boyards roumains.

Dans le courant du xixe siècle, à mesure que les principautés roumaines prospèrent et recouvrent leur indépendance, le lien national devient plus fort et plus étroit entre tous les Roumains.

Les Hongrois, conscients du danger que représentait pour eux l'émancipation du peuple asservi, font des efforts de plus en plus énergiques en vue de la magyarisation de la Transylvanie. Les deux églises roumaines, orthodoxe et unie, se solidarisent, et, le 3 mai 1848, leurs évêques convoquent une grande « assemblée de la nation roumaine ». L'assemblée, composée de milliers de délégués roumains de tous les comitats (départements) roumains de la monarchie, proteste contre la décision du gouvernement dit libéral de la Hongrie d'accorder des droits aux Roumains à la condition que l'enseignement dans leurs écoles soit fait en hongrois et que les enfants roumains soient, entre 2 et 6 ans, enlevés à leurs parents pour être élevés dans les écoles froebéliennes magyares.

Les Roumains se rendaient parfaitement compte qu'ils n'avaient résisté, dans le passé, aux essais de dénationalisation qu'en gardant leur langue nationale et que l'école étrangère est le plus puissant moyen pour étouffer la conscience d'un peuple. Aussi tout en se déclarant sujets fidèles de l'empereur, ils proclament la nation roumaine, qui forme la grande majorité des habitants de Transylvanie, indépendante et possédant des droits égaux à ceux dont jouissent les autres nations.

Le 24 mai, la diète hongroise de Cluj, dont étaient exclus les Roumains, vote la réunion de la Transylvanie à la Hongrie.

Une députation de l'assemblée roumaine et une autre de la diète hongroise se rendent à Vienne pour soumettre à l'empereur les résolutions votées. L'empereur approuve la résolution de la diète et repousse celle de « ses braves Roumains ».

Les Hongrois, encouragés par leur succès, augmentent leurs prétentions. Ils veulent une Hongrie indépendante, comprenant les Etats voisins non magyars : la Transylvanie, la Croatie et l'Esclavonie. Ils commencent par recruter une armée nationale dans lequel ils enrôlent de force les hommes des nationalités soumises.

Les Roumains, exaspérés et encouragés par des émissaires de la Cour de Vienne, se révoltent sous la conduite de Avram Iancu.

Les armées autrichiennes sont battues par les Hongrois, les Roumains seuls tiennent bon dans leurs montagnes.

L'empereur d'Autriche, Ferdinand Ier, fait appel à l'empereur de Russie, Nicolas Ier, qui envahit la Hongrie et la pacifie.

L'empereur François-Joseph succède à son oncle. Tout en persécutant les chefs roumains en remplaçant les fonctionnaires roumains par des Allemands, afin de leur enlever toute velléité d'indépendance, il établit néanmoins un régime bien plus doux que celui des Hongrois.

Visant à la conquête de la Valachie, il envoie une armée pour envahir l'Olténie, en 1853, pendant que les Russes entrent en Moldavie. D'autre part, il annexe la Bucovine à la Galicie afin de détruire son autonomie roumaine.

Quant à la Transylvanie, qu'il ne pouvait songer à germaniser, François-Joseph y créa plusieurs évéchés roumains et leur donna le droit d'ouvrir des écoles nationales avec leurs propres fonds.

Aussi l'époque allant de 1849 à 1867 marque-t-elle un puissant essor de l'enseignement roumain en Transylvanie.

Afin de gagner le peuple, l'empereur accorda la médaille militaire à tous ceux qui avaient lutté contre la révolution hongroise et une somme variant entre 1.000 et 2.000 florins par tête. Les soldats roumains donnèrent cet argent à l'association intellectuelle chargée de fonder des écoles roumaines.

Ce fut l'âge d'or des Roumains de Hongrie ; aussi se battirent-ils comme des lions dans les deux guerres d'Italie (1859) et de Prusse (1866).

L'archiduc Albrecht, qui était le meilleur général de

l'armée austro-hongroise, ne se séparait jamais de « ses braves Roumains » qu'on plaçait toujours au premier rang : ce fut le cas à la bataille de Custozza et dans les combats de Bosnie et d'Herzégovine.

Il est d'ailleurs de tradition que chaque membre influent de la famille impériale fasse semblant de protéger un peuple quelconque de l'empire, afin de l'attacher à la couronne. François-Joseph, plus que tous ses prédécesseurs, se servait des rivalités entre les peuples de son empire, pour les sacrifier ensuite à celui qui lui inspirait le plus de crainte, c'est-à-dire aux Hongrois.

Depuis le dualisme austro-hongrois

La guerre de 1866 amena le dualisme de l'Empire et les Hongrois redevinrent plus que jamais maîtres des provinces roumaines.

Au premier moment, afin de faire montre de l'esprit libéral dont ils prétendaient s'inspirer, ils votèrent en 1867, la loi des nationalités, par laquelle ils accordaient à chacune des nations de Hongrie des droits politiques égaux, et celui d'instituer un enseignement scolaire dans leur langue maternelle.

En fait, cette loi fut appliquée à rebours contre les Roumains.

Quoique les Roumains forment la grande majorité de la population de Transylvanie et qu'ils représentent dans certains comitats jusqu'à 90 0/0 du total, pas une seule école roumaine n'est entretenue par l'Etat austro-hongrois, tandis que les écoles hongroises fonctionnent aux frais des contribuables roumains.

Seuls, les citoyens qui ont un certain revenu, supérieur à celui que possède la plupart des Roumains, ont le droit de vote, et les circonscriptions électorales sont fixées de manière à donner aux villes, qui sont magyarisées, la supériorité sur les campagnes roumaines.

D'autre part, tous les moyens sont bons pour empêcher l'électeur roumain d'exercer ses droits politiques et pour faire échouer un candidat national. Ce dernier achève souvent sa campagne électorale en prison, et ses électeurs tombent sous les balles des gendarmes hongrois.

Dès 1869, les Roumains, se rendant compte de l'inutilité de leurs efforts par les voies légales, se décidèrent pour l'abstention politique et pour la résistance passive en ce qui concerne les lois de magyarisation votées par un parlement dans lequel ils ne pouvaient pas pénétrer.

La guerre de 1877 et les succès de l'armée roumaine à Plevna eurent un immense retentissement dans le cœur du peuple roumain d'Autriche-Hongrie. Il vit que son salut ne pouvait venir que d'au delà des montagnes, et le rêve d'union nationale de tous les Roumains apparut alors réalisable. Depuis cette époque, la pensée et les espoirs des Roumains de Transylvanie et de Bucovine sont dirigés vers le royaume libre.

A mesure aussi que la Roumanie prospérait et que le danger devenait plus grand, l'empereur, tout en bernant « ses braves Roumains » encourageait les tendances hongroises de magyarisation. Comme les Hongrois sont beaucoup plus énergiques que les Autrichiens, le centre de gravité de l'empire tend à passer de Vienne à Budapest. Seul le danger russe modère un peu l'ardeur hongroise.

Depuis 1867, la lutte contre les Roumains fut reprise. En 1879, l'enseignement de la langue magyare fut décrété obligatoire dans les écoles roumaines.

Le 12 mai 1881 eut lieu à Sibiu le Congrès de la nation roumaine, dont est issu le Parti national roumain. En voici le programme : autonomie de la Transylvanie, enseignement en langue roumaine dans les écoles, nomination de fonctionnaires roumains dans les districts roumains, égalité des nationalités devant la loi et suffrage universel. Sauf ce dernier point, ce sont les revendications de 1790 et de 1848.

Des journaux roumains soutinrent ces revendications. Une vive persécution se déchaîna contre eux. Les rédacteurs et les directeurs furent envoyés devant le tribunal de Cluj et condamnés à des amendes se montant à plusieurs dizaines de milliers de couronnes et à la prison. Le nombre total des années de prison auxquelles les journalistes furent condamnés équivaut à plusieurs siècles. Les journaux furent suspendus, puis finalement, supprimés.

En 1892, les Roumains se décident à envoyer un « memorandum » à l'empereur, afin de lui exposer la situation intolérable des Roumains de Hongrie.

Par ce memorandum, ils montraient ce que signifie « la liberté hongroise » et comment on applique la loi des nationalités.

Une délégation ayant à sa tête le Dʳ Ratziu, président du Parti national roumain, se rendit à Vienne et demanda audience à l'empereur. François-Joseph refusa de recevoir la délégation, qui remit le pli contenant le memorandum au maréchal de la cour. Le pli fut renvoyé au gouvernement de Budapest, qui le remit non décacheté au président du Comité roumain. L'affaire eut des suites. Le gouvernement magyar envoya le Comité national roumain devant le jury hongrois de Cluj, qui condamna à la prison ceux qui avaient eu l'audace de présenter leurs plaintes à l'empereur. Le président du Parti fut condamné à 31 ans de prison.

Le gouvernement hongrois déclara dissous le Parti national roumain et suspendit les journaux roumains.

Le retentissement de ce procès fut immense même au-delà des frontières. Les sujets de l'empereur François-Joseph furent définitivement fixés sur les sentiments des

Habsbourg à leur égard. Dans le Sénat de Roumanie, le chef du parti national libéral, Démètre Sturdza, fit une interpellation et déclara que la magyarisation de 3 millions et demi de Roumains constitue un danger pour l'existence du royaume même.

Voici en résumé la situation des Roumains de Hongrie à la fin du xix⁰ siècle et au commencement du xx⁰ siècle.

Les tribunaux de Transylvanie ne permettent que l'emploi de la langue magyare. Les juges sont tous hongrois. De ce fait, il n'y a pas de justice pour les Roumains, qui ne connaissent pas la langue magyare et qui sont jugés par des ennemis sans scrupules.

Les impôts payés par les Roumains servent à les magyariser, à coloniser leur pays avec des Magyars et à salarier des dizaines de mille de fonctionnaires hongrois. L'Etat engage des dépenses seulement lorsqu'un intérêt magyar est en jeu. On ne tient compte des intérêts de la population roumaine que pour les combattre.

L'œuvre de magyarisation s'effectue par les moyens suivants : 1° l'école, 2° la colonisation, 3° la corruption.

Les lois scolaires au cours des derniers vingt ans et surtout les lois Apponyi prévoient deux séries de mesures : celles ayant pour but la suppression des écoles roumaines, et celles qui sont destinées à forcer les Roumains à apprendre le magyar.

Afin de fermer les écoles roumaines, qui sont soutenues par l'Eglise roumaine, sans subvention de l'Etat, le gouvernement de Budapest impose l'augmentation des appointements des professeurs, ainsi que les dépenses pour les locaux scolaires.

Lorsque les Roumains ne peuvent pas supporter cette augmentation arbitraire, on ferme l'école et on oblige les parents à envoyer les enfants à l'école magyare. —

C'est ainsi qu'en quelques années, plus de 600 écoles roumaines ont été fermées. — Le vieux gymnase roumain de Binsch a été transformé en gymnase hongrois. Les enfants roumains, à partir de trois ans, sont envoyés de force dans les écoles hongroises frœbeliennes, dans le but de leur laisser ignorer leur nationalité. Dans les écoles confessionnelles roumaines, le nombre d'heures obligatoires pour l'enseignement du hongrois a été constamment augmenté ; il a été fixé, dans les classes supérieures, à 39 par semaine, de manière qu'il ne reste plus de temps pour l'enseignement du roumain, pas même pour l'étude du catéchisme (loi Apponyi de 1907).

Dans les manuels scolaires, une vive propagande est faite en faveur de la langue magyare ; on enseigne aux élèves roumains que leur langue maternelle nationale est la langue magyare.

Comme l'enseignement de l'école primaire est relativement court et que les élèves, rentrant dans leur famille, échappent à l'influence de l'école, l'effort principal du ministre de l'Instruction publique hongroise se porte sur les écoles secondaires et supérieures. Les Roumains n'ont réussi à ouvrir, pour un peuple de 3 millions et demi, que 4 lycées, 1 gymnase et 1 école pratique et commerciale, tandis que 250.000 Allemands ont le même nombre d'écoles.

On comprend qu'avec ce système, la classe intellectuelle roumaine soit très réduite et que la production littéraire, assez intense aux xviii° et xix° siècles, n'ait pu se développer normalement.

Les deux universités hongroises de Pest et de Cluj ont chacune un seul cours de roumain, fait par deux renégats au service de la propagande magyare et parlant fort mal la langue qu'ils sont censés enseigner.

patrie magyare (1), dégénère en école de misère... Les intellectuels roumains ne peuvent se créer... à pays. Ceux qui devraient former la classe... sont forcés de s'expatrier, ne pouvant pas gagner chez eux leur subsistance. Les Roumains ne peuvent pas se développer librement et ils doivent faire des efforts inouïs pour garder leur nationalité.

Le second moyen de magyarisation est plus brutal. C'est le système employé par les Prussiens pour colo-niser les provinces orientales avec leurs nationaux, en expulsant les Polonais de leurs terres. L'Etat achète les terres des grands propriétaires, cultivées jusqu'ici par la population roumaine locale et les partage entre des colons hongrois, forçant les Roumains à émigrer, soit en Roumanie, soit en Amérique. Ce système n'a pas porté les fruits que l'on désirait, parce que l'émigré, s'étant enrichi dans un pays libre, revient en Hongrie pour contrarier l'action de l'Etat hongrois.

Le troisième système employé est celui de la corruption. Il est employé par l'Etat hongrois envers les prêtres roumains. Ceux qui s'enrôlent dans la propagande hongroise ou qui soutiennent les candidats du gouvernement aux élections sont rétribués par l'Etat. Les autres restent dans la misère. Dans les diocèses orientaux des Roumains qui parlent le magyar, l'Eglise est rattachée au diocèse magyar, le prêtre doit officier en langue...

---

(1) Par « magyar », il faut entendre le citoyen de nationalité hongroise; par « hongrois », le citoyen de l'Etat hongrois... nationalité qu'il appartienne.

gyare et le village est classé dans la statistique comme habité par des Magyars.

Des sociétés puissantes de magyarisation, entretenues par l'Etat, corrompent les faibles et les font passer dans le clan magyar en semant la discorde entre les Roumains.

Pendant la guerre, le métropolite roumain de Sibiu étant mort, le gouvernement profita de la loi martiale pour imposer l'élection d'un rénégat haï par le peuple roumain.

La magyarisation des Roumains fait des progrès, surtout dans les villes, par le fonctionnarisme et le commerce hongrois. Comme les défenses de l'Etat sévissaient là où l'élément magyar domine, les centres de population magyare vont en augmentant, au détriment des nationalités. La magyarisation a fait encore des progrès dans les confins des districts où le contact avec la masse magyare et l'isolement des villages roumains ont permis d'en dénationaliser une partie.

Néanmoins, l'immense majorité des autochtones a résisté énergiquement à l'oppression qui pèse sur elle. Une prodigieuse natalité compense les pertes causées par la propagande du gouvernement.

Sobres et travailleurs, les Roumains ont organisé des coopératives et des banques nationales. On en comptait, en 1912, 148 réunissant un capital de 46 millions de couronnes (1), avec 113 millions de dépôt (2).

En 1905, les Roumains renoncèrent à leur attitude de passivité politique, sans grand succès, puisqu'ils purent à peine élire cinq représentants dans le Parlement hongrois. Toutes les fois que ces députés ont pris la parole, les vociférations et les insultes de leurs collègues hongrois les ont empêchés de parler.

---

(1) La couronne vaut 1 fr. 05.
(2) Après l'entrée en guerre de l'Autriche-Hongrie, ces banques furent traitées comme si elles avaient appartenu à des sujets ennemis et mises sous la surveillance de l'Etat hongrois.

En Bucovine aussi, le gouvernement autrichien travaille à dénationaliser les Roumains. Il emploie cependant des moyens moins violents : après avoir rattaché cette province à la Galicie, il en colonisa les campagnes avec des Ruthènes, et les villes avec des juifs allemands. D'autre part, il gagna la noblesse roumaine par toutes sortes d'honneurs, et réussit à la séparer du peuple.

De la sorte, l'homogénéité du peuple roumain dans le nord de la Bucovine fut sensiblement altérée, et les villages roumains isolés furent ruthénisés. Dans le centre et le sud, grâce au contact permanent existant entre la population de Bucovine et celle de Moldavie, la masse roumaine est restée compacte.

Comme les Autrichiens ont la même tendance que les Hongrois à diminuer dans leurs statistiques le nombre des Roumains, relativement à celui des autres nationalités, il faudrait procéder à un recensement exact pour se rendre compte du chiffre réel de la population roumaine.

Dans la guerre mondiale, les Roumains ont été traités, dans l'intérieur du pays, comme des sujets ennemis ; les soldats roumains furent exposés partout où le feu a été le plus meurtrier.

L'Autriche-Hongrie constitue un anachronisme parmi les pays civilisés. Son organisation sociale, sa politique intérieure sont en retard d'un siècle sur les autres Etats européens.

Tout espoir de changement serait illusoire ; l'histoire des Roumains de Hongrie prouve que les promesses faites dans les moments difficiles ne sont jamais tenues quand la situation a changée. Les Roumains soumis aux jougs hongrois et autrichien n'ont d'autre perspective que de périr comme nationalités ou de s'émanciper en sortant de l'empire.

POPULATION
DES PROVINCES ROUMAINES
SOUMISES AUX AUSTRO-HONGROIS

Si l'on veut se rendre compte de la population des pays roumains, il suffit de jeter un coup d'œil sur la carte ethnographique ci-jointe.

Le peuple roumain forme la grande masse de la population du territoire compris entre le Danube, la mer Noire, le Dniester, le cours supérieur du Pruth et la Theiss : à l'ouest, il occupe le pays délimité par une ligne quittant la Theiss au point où elle s'infléchit vers le nord et suivant le pied des collines par les comitats de Satmar, de Debrezin et de Bekesch, rejoignant la Theiss en amont de Szegedin et la suivant jusqu'à son confluent avec le Danube.

Cette masse roumaine est seulement interrompue dans les montagnes de l'Est de la Transylvanie par des enclaves de quelque étendue, qui représentent une population d'environ 450.000 âmes, Szeklers ou Secouis (population d'origine magyare) ; au sud de la Bessarabie, un total d'environ 350.000 Allemands, Russes, Bulgares et Turcs ; à l'Ouest du Banat, une population d'environ 203.000 Serbes, 165.000 Allemands et 128.000 Magyars mêlés à 87.000 Roumains dans le district de Torontal.

Dans le reste du pays les éléments étrangers forment des îlots perdus dans la masse roumaine. En revanche, les Roumains débordent leurs territoires dans une proportion presque égale : en Ukraine on en compte près de 500.000 ; sur la rive droite du Danube, en Bulgarie, plus de 200.000 et tout autant entre Morava et Timok, en Serbie ; puis en Macédoine, en Albanie et en Épire, plusieurs centaines de mille.

Si l'on s'en rapportait à la statistique hongroise de 1910, il y aurait dans les comitats roumains de Hongrie une population totale de 6.450.000 habitants, dont 2.830.000 Roumains soit 44 0/0.

Mais cette statistique est fausse. Le recensement de la population, qui s'opérait autrefois sur un questionnaire demandant : « Quelle est votre langue maternelle ou bien de quelle nationalité êtes-vous ? » se fait actuellement par cet interrogatoire insidieux : « De quelle langue vous servez-vous de préférence? » et tout habitant connaissant la langue officielle magyare est enregistré comme Hongrois. Dans les villages mixtes, c'est-à-dire mi-roumains, mi-hongrois, les Roumains sont inscrits comme Hongrois. Comme l'élément roumain est le plus nombreux, le plus prolifique, et celui qui a mené depuis des siècles les luttes nationales les plus vives, c'est surtout contre lui que se sont déchaînées les persécutions magyares.

Afin de diminuer l'importance des revendications roumaines, les Hongrois présentent leurs auteurs à l'étranger comme étant les organes de la minorité en Transylvanie et au Banat.

La mauvaise foi de cette statistique est prouvée par les faits suivants : les nationalités de Hongrie sont de religions différentes ; les Magyars sont calvinistes, les Secouis catholiques, les Allemands luthériens ou catholiques, les Roumains, les Serbes, les Ruthènes appartiennent au rite gréco-orthodoxe, et ceux qui ont reconnu l'autorité du pape au rite gréco-catholique ou « uni »

Or, selon la statistique dressée d'après la langue parlée

de préférence, il y a 278.500 Roumains de moins que d'après la statistique faite d'après la religion.

Quoique les Roumains soient un des peuples les plus prolifiques d'Europe, leur nombre n'aurait augmenté dans les cinquante dernières années que de 19,7 0/0, tandis que le nombre des Magyars aurait augmenté de 80,7 0/0. L'accroissement annuel de la population serait de 10,8 pour mille pour les Magyars et de 3,5 pour mille pour les Roumains. Pendant ce même temps la population du royaume libre s'est accrue annuellement de 15,5 pour mille (sans immigration et sans augmentation de territoire).

Ceux qui ont étudié la répartition des nationalités en Hongrie, après avoir contrôlé les statistiques officielles, évaluent la population roumaine à plus de 3.550.000 habitants, c'est-à-dire à 57 0/0 de toute la population des provinces roumaines de Hongrie.

Les Roumains forment la grande masse de la population rurale et représentant dans certains comitats 90 0/0 de la population totale. Les Magyars habitent plutôt les villes, où ils constituent presque la totalité des fonctionnaires avec leurs familles (1). Dans 35 villes de Transylvanie, les Magyars forment 40,6 0/0 de la population, les Roumains 22,9 0/0, tandis que dans les campagnes, les Roumains en représentent 69 0/0 et les Hongrois 13 0/0.

Sauf la masse assez compacte de Secouis de l'Est, les paysans magyars sont concentrés dans des groupes formés par la colonisation que le gouvernement hongrois crée au milieu de la population roumaine. Les Roumains forment la grande majorité de la population fixe du pays, tandis que la plupart des Hongrois y habitent seulement comme population flottante sans attaches avec le sol.

---

(1) Il y a 50.000 fonctionnaires dans les comitats roumains.

Les Allemands, Saxons de Transylvanie ou Schwabes du Banat, sont un élément peu prolifique, mais riche.

Les Israélites et les Arméniens, inscrits tous comme Magyars, augmentent de beaucoup dans les statistiques le nombre de ces derniers.

Le tableau suivant résume les rapports des nationalités habitant les provinces roumaines de Hongrie :

Roumains	3.540.000	ou	57 0/0
Hongrois	1.200.000	»	19,3 —
Allemands	730.000	»	11,7 —
Serbes et Croates	290.000	»	4,6 —
Ruthènes	165.000	»	2,6 —
Slovaques	43.000	»	0,7 —
Juifs, Arméniens et autres nationalités	232.000	»	3,7 —
	6.200.000		

La superficie de la Bucovine est de 10.441 kilomètres carrés. D'après la statistique autrichienne de 1910, sa population serait de 800.000 habitants, dont 273.000 Ruthènes fixés surtout au Nord, 103.000 Juifs, 60.000 Allemands, 59.000 de diverses nationalités tels que Polonais, Hongrois, Tziganes, Arméniens, Russes, etc. En 1848, on comptait 209.000 Roumains et 109.000 Ruthènes. Ce qui prouve que les Autrichiens ont la même tendance que les Hongrois à falsifier les statistiques.

Il est à remarquer que la zone laissée en dehors de la limite que nous avons indiquée au nord-ouest de la Transylvanie, contient en réalité des villages roumains ou des villages mixtes et non pas une population exclusivement magyare. Un recensement impartial reculerait la ligne extrême des Roumains encore plus à l'ouest.

En résumé on peut voir que : 1° Les Roumains seuls forment la majorité absolue parmi les nations habitant la Transylvanie et les territoires contigus ; 2° que les enclaves comprenant d'autres nationalités sont compensées par les régions habitées par les Roumains en dehors de leurs territoires ethniques ; et 3° que la Roumanie seule peut invoquer des droits ethniques pour s'unir avec ces provinces en un seul Etat.

NÉCESSITÉ DE L'UNITÉ ROUMAINE

Raisons économiques

Le centre des pays roumains est constitué par le haut plateau des Carpathes, entouré de toutes parts de chaînes de montagnes assez élevées. Les Roumains appellent ce pays l'Ardeal, mais il est plus connu sous le nom de Transylvanie. Trois rivières importantes prennent naissance sur le versant ouest de ces montagnes ; à savoir : la Tisza (Theiss), son affluent le Muresch, et l'Olt (Aluta). Ces rivières traversent le plateau de l'Est à l'Ouest et le quittent en traversant les défilés des Carpathes. Sur le versant nord du massif prennent encore leur source le Seret avec son affluent, la Bistritza, et le Prut, qui coulent en sens inverse des premières rivières, c'est-à-dire de l'Ouest à l'Est, puis, s'infléchissant vers le Sud, rejoignent également le Danube par la Moldavie. Autour du plateau transylvain, les collines continuent les montagnes, puis, à leur pied, s'étendent les riches plaines agricoles de la Tisza, du Danube et du Pruth.

La plaine roumaine est bordée, à l'Ouest par la Tisza, servant, dans ses parties extrêmes Nord-Sud, de limite entre les pays roumains et la Hongrie ; au Sud, par le Danube, qui, sur une étendue de 1.200 kilomètres, la sépare de la Serbie, de la Bulgarie et de la Dobrogea ; enfin, à l'Est par le Dniester, qui coule entre la Bessarabie roumaine et l'Ukraine russe.

L'accès de la plaine roumaine à la Transylvanie

est facilité par les cols des montagnes et par les vallées des rivières.

La Transylvanie est entourée des pays roumains suivants : la Bucovine et le Maramuresh au Nord, la Crishana et le Banat à l'Ouest, la Valachie au Sud et la Moldavie unie à la Bessarabie à l'Est.

Au point de vue politique, la Transylvanie, le Maramuresh, la Crishana et le Banat sont soumis à la domination hongroise, la Bucovine à la domination autrichienne, la Valachie, la Dobrogea, la Moldavie et la Bessarabie forment actuellement le royaume de Roumanie.

La superficie des pays roumains libres est d'environ 179.000 kilomètres carrés, avec une population de plus de 10 millions d'habitants; celle des pays subjugués représente 135.000 kilomètres carrés, avec une population de 7 millions d'habitants (1).

Au point de vue économique toutes ces provinces se complètent. La Roumanie et une partie du Banat forment la grande plaine agricole. La Transylvanie, le Maramuresh, la Crishana roumaine et la Bucovine sont des pays accidentés où la production agricole est loin de suffire à la nourriture de la population. Chaque grande province roumaine a besoin des produits de ses voisins.

La Roumanie produit surtout, en grande culture, des céréales, des graines oléagineuses et des légumineuses. Ses pêcheries du Danube lui donnent de grandes quantités de poisson et ses puits de pétrole semblent inépuisables.

Elle est pauvre en charbon et en minerai de fer, ce qui la condamne à se priver d'une grande industrie métallurgique.

---

(1) Transylvanie : 125.000 km. carrés avec 6.200.000 habitants: Bucovine : 10.400 km. carrés avec 800.000 habitants.

Ses forêts sont insuffisantes pour sa consommation intérieure.

La Transylvanie, par contre, étant montagneuse dans sa majeure partie, est riche en forêts et en pâturages. Sauf dans une partie du Banat et sur les territoires roumains de l'Ouest relativement peu étendus c'est un pays de petite culture assez intensive. Le pays est industriel et minier. Il possède des mines assez importantes de fer, de charbon, d'argent et d'or, et son industrie métallurgique est assez développée. Par contre, il ne possède ni pêcheries, ni pétrole. Les productions des deux parties du pays sont très différentes et elles se compléteraient heureusement sous un régime libre. La Roumanie peut fournir le blé, les autres grains, le poisson et le pétrole nécessaires à la Transylvanie, laquelle peut à son tour lui procurer les produits de son industrie, surtout le fer manufacturé, le bois, le bétail, puis, dans les années de sécheresse, les fourrages. Les années de sécheresse, désastreuses pour la Roumanie, sont en général les bonnes années agricoles de la Transylvanie ; tandis que les années pluvieuses donnent des résultats inverses pour les deux pays roumains.

Voici le tableau des principales productions de la Roumanie et de la Bessarabie, de la Transylvanie et de la Bucovine avec le développement de leurs cultures :

	Roumanie et Bessarabie.	Transylvanie	Bucovine
Agriculture	0/0	0/0	0/0
Terre arable.........	60	33,0	19
Forêts..............	15	33,8	40
Prairies et pâturages	15	26,8	30
Vignes jardins et vergers.............	2	4,8	1,5
Etangs, rivières......	3	0,3	0,3
Terre non cultivable.	5	4	9,2
	100	100,0	100,0
Bétail (par têtes)			
Chevaux...........	1.735.000	722.000	50.923
Bœufs et vaches.....	3.633.000	2.391.655	242.400
Porcs	1.890.000	1.929.596	131.183
Moutons...........	3.923.000	4.375.000	176.190

	Roumanie	Transylvanie	Bucovine	Bessarabie
Mines		Exploitations (nombre d')		
Or		9		
Or et argent		16		
Argent		1		
Cuivre et plomb	1	3	1	
Fer		10	2	
Charbon	1	2		
Lignite	5	27		
Sel	4	8	1	
Fabriques				
Métallurgie (1)	11	30	1	
Moulins	30	52	7	36
Sucreries	4	4	3	
Hauts fourneaux		12		
Nombre d'installations de grande industrie	472	867	231	
Nombre des ouvriers industriels	46.280	105.000	625	

**

La Transylvanie constitue un hinterland naturel de
la Roumanie. Son accès à la mer se fait par les voies
ferrées jusqu'au port de Constantza et par le Muresh et
la Tisza navigables, puis par le Danube, jusqu'à Galatz,
Braïla et Sulina. C'est par des mesures anti-économi-
ques que la Hongrie attire le commerce des territoires
roumains vers Fiume sur l'Adriatique. Ce port est très
éloigné et tout à fait excentrique.

Voici en kilomètres les distances séparant les principales villes de Transylvanie et Fiume des ports du Danube et de la mer Noire :

	Constantza	Turnu-Severin (2)	Corabie	Braïla	Fiume
Brashov	370			284	1.248
Cluj	702			616	916
Lugosh	739	120		626	818
Sibiu	645		200	603	1.074
Temishoara	798	170		785	759
Arad	831	220		745	787

---

(1) La métallurgie de Roumanie consiste en de grands ateliers de
réparations et ne comporte pas de vraies usines métallurgiques.

(2) Turnu-Severin est le port roumain sur le Danube, près de la
frontière hongroise actuelle; Braïla, près du delta du Danube, est
accessible aux grands navires de mer; Corabie est au confluent de
l'Olt et du Danube.

Le Danube baigne le sud des deux provinces roumaines et établit entre elles une communication par voie d'eau permettant d'écouler en même temps vers la Mer Noire les produits des deux pays et de faire parvenir les marchandises d'Occident près des lieux de consommation.

Les principales rivières de Valachie et de Moldavie prennent leur source en Transylvanie, qu'elles parcourent en tous sens.

Le Séreth, la Bistritza et l'Olt portent les radeaux de bois de construction des deux pays roumains. Les travaux de canalisation du Prut et de l'Olt intéressent tout autant la Roumanie que la Transylvanie et la Bucovine. Des chutes d'eau pour l'industrie et des réservoirs d'eau pour les irrigations de la plaine roumaine ne peuvent fonctionner convenablement qu'en associant toute les provinces roumaines.

La séparation artificielle des deux pays roumains empêche le rapide développement de chacun d'entre eux. Ils se complètent économiquement, tant au point de vue de la production qu'au point de vue des communications.

Raisons stratégiques

L'unité des Roumains est exigée, non seulement par une nationalité commune, mais aussi par des raisons d'ordre stratégique.

La Transylvanie est la forteresse de la Roumanie. Elle a été de tout temps le refuge des Roumains, lorsqu'ils n'ont pas pu résister à l'invasion étrangère.

Par le fait qu'il forme un plus haut plateau entouré de montagnes descendant rapidement vers la plaine roumaine, avec laquelle il communique par des défilés ou des cols, le centre du pays roumain, c'est à dire l'Ardéal, est une forteresse presque inexpugnable. La Roumanie, sans cette forteresse, est un pays indéfendable. Son centre de gravité reste, en dehors de ses limites actuelles, en Transylvanie. Sa forme allongée lui donne aujourd'hui des frontières d'une longueur de 2500 km. pour une superficie de 175.000 km. La largeur de la Valachie ne dépasse pas 200 km. et elle se resserre à moins de 150 km. entre Focshani et Galatz, à son point de jonction avec la Moldavie.

Toute armée étrangère en Transylvanie peut couper par cette ligne la Roumanie en deux parties complètement isolées. La guerre actuelle a trop prouvé que cette situation est dangereuse pour notre pays.

Cette considération est si forte que rien ne peut empêcher les Roumains de tendre à protéger leur pays menacé au Nord et au Sud par les Hongrois et les Bulgares.

Toute coalition de ces deux pays met la Roumanie en péril si la forme de son territoire n'est pas modifiée.

Par l'incorporation de la Bessarabie, le désavantage stratégique dû à la forme du royaume de Roumanie n'est pas sensiblement modifié.

Quand sera réalisée l'union de tous les territoires roumains en un seul Etat, la Roumanie aura une forme presque circulaire. Son centre de gravité se trouvant en Transylvanie se confondra avec son centre stratégique, et la Transylvanie redeviendra la forteresse des pays roumains.

La population de la Roumanie unie sera de 17 millions d'âmes, tandis que celle de la Roumanie de 1914 n'était que de 7 millions et demi d'habitants.

Considérant l'énergie de la race, la situation stratégique résultant du changement de forme des pays, la richesse et la variété de ses productions, la Roumanie complétée sera une vraie puissance dans l'Orient de l'Europe.

LA ROUMANIE DANS LA GUERRE

Pourquoi la Roumanie est entrée en guerre

Avant le déchaînement de la guerre mondiale, la Roumanie était dans une phase de progrès rapide. Quelques chiffres peuvent en donner une idée :

Progrès agricole

Périodes de 5 années	Moyenne de la surface cultivée	Moyenne de la production annuelle	Rendement moyen à l'hectare
1886-1890	4.019.880 hec.	50.883.520 hectolitres	12.6 hec.
1910-1914	5.099.950 »	88.919.377 »	17.0 »

Commerce extérieur

	Moyenne du tonnage	Moyenne de la valeur annuelle
1904-1908	4.153.158 tonnes	811.874.946 de francs
1909-1913	5.426.776 »	1.182.353.984 »

Budget de l'Etat

	Encaissements
1er avril 1908-31 mars 1909	446.317.397 de francs
» 1913- » 1914	608.503.889 »

Revenus des Chemins de fer

1er avril 1908-31 mars 1909	50.617.703 de francs
» 1915- » 1916	124.000.000 »

Capital et Dépôts dans les Banques d'Escompte

1901	77.000.000 de francs
1911	71.000.000 »

Stock d'or de la Banque Nationale

1895	99.000.000 de francs
1916	574.000.000 »

Emission d'obligations des Crédits fonciers rural et urbain

1.000.000.000

La population roumaine a augmenté par le fait de l'excédent des naissances dans les dernières années de

120.000 âmes par an, dépassant en 1913 le chiffre de 7 millions et demi d'habitants.

Par ses facultés de travail et par la richesse de son pays, le peuple roumain est un élément de progrès et de paix. Soucieux d'éviter, dans l'intérêt supérieur de la paix du monde, les agitations sans résultat positif, il s'était résigné à ajourner les solutions exigées pour son développement national jusqu'à l'époque où ses revendications légitimes seraient compatibles avec la situation générale de l'Europe.

La Roumanie, le pays le plus civilisé de l'Orient européen, avait vu croître son prestige politique à la suite de la guerre balkanique à laquelle son intervention réussit à mettre fin.

Elle avait obtenu par le traité de Bucarest deux districts de la Dobrogea, qui avaient été roumains avant d'être pris par les Turcs, et qui avaient été attribués en 1878 aux Bulgares.

Malgré cet état florissant qui aurait pu l'engager à ne pas quitter sa neutralité, à continuer à s'enrichir et à ne pas sacrifier sa quiétude et le sang de ses enfants, la Roumanie estima ne pas devoir rester impassible devant les grands problèmes que posait la guerre mondiale et dont dépendait aussi le sort des Roumains de Hongrie.

Rappelons les faits essentiels du 1er juillet 1914 au 14 août 1916.

L'assassinat de l'archiduc François-Ferdinand, héritier du trône d'Autriche-Hongrie, servit de prétexte à la guerre. En réalité elle fut déchaînée par l'impérialisme magyar en Orient, provoqué et soutenu par le pangermanisme allemand. Les Magyars voulaient écraser la Serbie, afin de pouvoir en même temps s'ouvrir la route de Salonique et arrêter le mouvement d'indépendance des nationalités opprimées par eux.

La Roumanie, comme l'Italie, faisait partie de la Triple Alliance. Elle était entrée dans un consortium purement défensif, afin de pouvoir se garantir contre la Russie qui, après 1877, voulait s'assurer de Constantinople par la domination de la péninsule balkanique.

En 1914, la situation était autre. La Russie ne menaçait plus l'indépendance des états balkaniques et la guerre d'offensive faite par les Hongro-Allemands pour détruire la nation serbe ne pouvait maintenir la Roumanie du côté des agresseurs. La victoire des Empires centraux lui ouvrait de sombres perspectives d'avenir. L'écrasement des Serbes facilitait le sien, enserrée qu'elle était entre ses deux ennemis naturels, les Hongrois et les Bulgares.

La lutte des Roumains de Transylvanie contre la magyarisation était plus vive encore que celle des Serbes de Hongrie. La présence du royaume de Roumanie dans la Triple Alliance n'avait pas réussi à arrêter les persécutions contre les Roumains de la monarchie dualiste, de même que l'alliance italienne n'avait pas pu assurer un sort favorable aux Italiens d'Autriche ; mais les procédés hongrois étaient plus barbares et plus violents que ceux des Autrichiens.

Du jour où les pays de l'Entente posèrent la question des nationalités, la Roumanie, comme l'Italie, leur fut acquise.

L'Italie, en contact direct avec la France et l'Angleterre, put entrer plus tôt en guerre. La Roumanie, isolée et obligée de s'appuyer directement sur la Russie, ne se décida que sur les insistances de la France et de l'Angleterre. Son gouvernement avait exigé qu'on le laissât libre de choisir son heure, parce qu'il était dans la nécessité de tenir compte de l'achèvement de sa préparation militaire ainsi que de la situation stratégique du front oriental.

Les alliés devaient fournir à la Roumanie l'armement et les munitions indispensables. Les Russes avaient été arrêtés deux fois dans les Carpathes du Nord et ne pouvaient pénétrer en Hongrie à moins qu'une armée du Sud ne contournât les montagnes et ne leur facilitât ainsi l'entrée dans les défilés vers la plaine. La Roumanie seule pouvait offrir ce concours. Mais pour avoir le moyen d'exécuter cette diversion, elle ne devait pas être inquiétée par le Sud et devait aussi être garantie par une offensive générale contre la concentration de forces ennemies excessives sur son front. C'est pourquoi l'armée de Salonique avait reçu l'ordre du Grand Quartier Général des Alliés d'immobiliser par une offensive les armées ennemies du Sud, pendant que les Russes devaient continuer leur avance dans le Nord, et que tout le front occidental empêcherait de forts déplacements des forces des Empires centraux vers l'Est.

L'entrée de Broussilof en Bucovine ouvrait des perspectives favorables et excitait l'impatience des Roumains sur les deux versants des Carpathes. La mise en demeure formelle, faite à la Roumanie, en juillet 1916, par les gouvernements de l'Entente, d'entrer immédiatemnt en guerre ou d'avoir à renoncer à son idéal national, l'union des Roumains, ne pouvait pas la laisser inactive.

D'autre part, les gouvernements de l'Entente assuraient la Roumanie que l'insuffisance de son armement serait rapidement corrigée et serait, en tous cas, sans inconvénients, en raison des conditions d'infériorité numérique dans lesquelles l'offensive énergique des Alliés sur les autres front placerait les Austro-Allemands.

L'opinion publique était depuis longtemps décidée à la coopération avec les puissances qui avaient inscrit dans leur programme la liberté des peuples et l'indépendance des nations subjuguées.

[illegible] le plus de 30 [illegible]. Partout [illegible] les régiments roumains et [illegible] guignant les Hongrois et les Allemands. Lorsqu'on [illegible] céda à la réquisition des vivres et des vêtements, on [illegible] dans les maisons des Roumains tout ce que l'on trouva, tandis que les Hongrois et les Allemands furent traités avec les plus grands ménagements.

Sous prétexte de rendre la population roumaine inoffensive pendant la guerre, les Hongrois lui enlevèrent les haches, les couteaux, les faux et d'autres instruments domestiques et agricoles indispensables. On ravit aux foyers même les Roumains non susceptibles de porter les armes, les prêtres, les vieux professeurs, les notables, les jeunes gens et on les déporta dans l'intérieur de la Hongrie. On inventa toutes sortes de procès de haute trahison ou de complots et on condamna ainsi [illegible] tous ceux qui avaient été signalés dans les luttes politiques antérieures comme Roumains nationalistes. Les uns furent exécutés, d'autres enfermés en prison ou déportés dans des villages éloignés de Hongrie ou d'Autriche. Les maisons roumaines ne furent plus habitées que par des femmes et des jeunes enfants. La misère fut grande dès les premiers jours de la guerre. Des bandes de paysannes et d'enfants affamés s'accumulaient aux frontières roumaines, demandant un peu de pain ou de maïs.

Le gouvernement roumain dut créer des dépôts de vivres sur les frontières et expédier des wagons [illegible]

réales pour les Roumains de Transylvanie. Une partie
de ces vivres furent réquisitionnés par les gendarmes
hongrois. Tous ces excès créèrent en Roumanie une atmosphère d'indignation difficile à maîtriser et firent
qu'au moment de la mobilisation de l'armée roumaine
tous les soldats partirent avec un élan et un enthousiasme admirables.

La guerre roumaine a été considérée par tout le peuple
roumain des deux côtés de la frontière, comme une
guerre sainte de libération. La réalisation de l'idéal national poursuivi pendant des siècles par les générations
roumaines, ne peut pas être considéré comme un but
de conquête. La déclaration de guerre du gouvernement
roumain à l'Autriche-Hongrie, le 14 août 1916, corres-
pondait aux vœux unanimes de la nation roumaine.

L'action militaire de la Roumanie

Il serait trop long de décrire et d'énumérer les évène-
ments qui se succédèrent depuis le 14 août 1916. Nous
mentionnerons seulement les faits principaux.

L'infériorité de l'armée de Sarrail, l'insuffisance des
troupes russes envoyées vers la frontière Sud de la Roumanie, permirent à Mackensen de retirer dix divisions
du front de Salonique, de repousser les troupes russo-
roumaines et d'envahir la Dobrogea, puis plus tard de
passer le Danube à Zimnicea.

L'arrêt de l'offensive russe en Bucovine, au Nord du
front roumain, et l'inaction des armées de l'empire allié
mirent les troupes roumaines qui avaient avancé en
Transylvanie dans une situation critique. Toutes les ré-
ves austro-allemandes affluèrent contre la Roumanie ;
les armées de Falkenhayn et de l'archiduc Joseph furent
lancées contre l'armée roumaine du Nord, laquelle fut

débordée de tous les côtés. Les troupes roumaines, qui avaient lutté vaillamment sans se laisser entamer durent se retirer dans les montagnes et défendre les frontières du pays sur une longueur de 1.800 kilomètres.

Ces luttes se déroulaient dans des conditions de monstrueuse inégalité, à cause de la configuration malheureuse du pays qui ne peut permettre une guerre défensive, à cause aussi de la supériorité numérique de l'ennemi, de celle de son artillerie lourde, de ses mitrailleuses et de ses avions. L'armée roumaine perdit, tant en morts qu'en blessés, plus du tiers de son effectif. Lors de l'évacuation en Moldavie, les 23 divisions du début furent fusionnées en 15 divisions, et l'effectif de certaines de ces divisions tomba à 4 ou 5.000 hommes, de 20.000 qu'il était au moment de la mobilisation. Il fallut défendre pas à pas les montagnes et tenir en même temps le Danube. Au bout d'un mois la valeur des troupes roumaines était reconnue par les communiqués ennemis. Malheureusement il n'y avait plus de réserves, les mêmes troupes luttaient sans relâche pendant 50 à 60 jours de suite, tandis que l'ennemi amenait sans cesse des troupes fraîches formant de nouvelles divisions. Sur le Jiu, où se produisit la première percée ennemie, une seule division roumaine lutta pendant deux semaines contre trois divisions allemandes, en détruisit une et recula en tenant tête aux deux autres, sans perdre son artillerie ni ses convois, sur environ 300 kilomètres.

On envoya pour couvrir la retraite des Carparthes une partie des troupes qui gardaient le Danube. C'est alors que l'armée du Sud de Mackensen put traverser le fleuve et marcher sur Bucarest.

Les armées roumaines étaient tournées au Sud et à l'Ouest. Elles devaient quitter successivement les montagnes où elles s'étaient fortifiées et se replier sur Bucarest. Le commandement supérieur ne voulut pas abandonner les deux tiers du pays et la capitale sans risquer une bataille près de Bucarest. Cette bataille se donna et ne fut perdue que parce que les Roumains furent accablés sous le nombre. L'armée, après une résistance acharnée de deux mois et demi, dut se replier sur la Moldavie. En ce moment 43 divisions allemandes, autrichiennes, bulgares et turques opéraient contre le front roumain. Depuis l'entrée en guerre de la Roumanie les armées russes avaient gardé une attitude passive inexplicable. A aucun moment elles ne firent un effort sérieux pour dégager l'armée roumaine.

Quand la double offensive allemande perçait les lignes roumaines, plus de 300.000 Russes campaient en Moldavie et en Dobrogea. Jamais ils n'arrivèrent à temps ; ils abandonnèrent la Dobrogea devant un ennemi inférieur, qui put alors menacer la retraite de l'armée roumaine. C'est seulement sur la ligne Foschani-Galatz, à partir de laquelle le territoire russe était directement menacé, que les armées russes intervinrent et arrêtèrent l'ennemi. On ne peut comprendre les raisons du commandement supérieur russe ; il semble n'avoir pas compris que son propre intérêt exigeait qu'on ne laissât pas écraser la Roumanie. Excepté les quatre divisions qui d'ailleurs se sont mal battues en Dobrodja, aucune autre division russe n'est intervenue d'une manière efficace pendant le long drame d'une année et demie qui s'est déroulé sur le territoire de la Valachie.

La réorganisation de l'armée roumaine

A la fin de décembre 1916 tout ce qui restait de l'armée roumaine se trouvait en Moldavie, c'est-à-dire dans la partie la plus pauvre du pays.

Pendant ce temps les troupes russes arrivaient innombrables à l'allure de 4 à 5 kilomètres par jour. Sauf la nourriture rien ne leur manquait; tout était complet, armement, convois, équipement, habillement, matériel sanitaire, cuisines, etc. Aussi ces troupes, contrairement aux conventions établies, vidèrent les magasins de l'armée roumaine, puis consommèrent les céréales et les fourrages du pays, ainsi que le bétail, la volaille et en général les approvisionnements de toute sorte. Ces troupes ne cessèrent d'arriver en Moldavie qu'au printemps de 1917, époque où leur effectif dépassa 1 million d'hommes. Elles n'accomplirent d'ailleurs pas d'action militaire considérable et c'est encore l'armée roumaine reformée qui livra plus tard les combats sérieux.

La Moldavie ne pouvait nourrir sa propre population, l'armée roumaine, les réfugiés de Valachie et de Dobrogea et aussi les armées russes, qui ne recevaient de Russie qu'une faible partie des approvisionnements nécessaires. La famine sévit en Moldavie pendant l'hiver rigoureux de 1916-1917. Le bétail mourut en grande quantité et les épidémies décimèrent l'armée ainsi que la population roumaine. Le typhus exanthématique surtout fit de nombreuses victimes.

C'est dans ces conditions qu'il fallut reconstituer l'armée roumaine, guérir et réincorporer des dizaines de milliers de blessés, instruire les recrues et perfectionner l'instruction des officiers et des soldats, suivant les exigences du nouvel armement arrivant de France et celles de la tactique employée dans les armées franco-anglaises. Avec le commandement roumain la mission militaire française se consacra à cette œuvre et elle n'eut qu'à se féliciter des résultats obtenus.

Ce fut une résurrection. Les ministres étrangers, Albert Thomas, Vandervelde, le général américain Scott, les généraux alliés attachés auprès des armées russes ne pouvaient en croire leurs yeux. C'était une nouvelle ar-

[illegible]

Pendant ce temps, la Révolution russe battait son plein. Un vaste courant anarchiste et pacifiste, subventionné par l'Allemagne, désorganisait l'administration et l'armée de l'ancien Empire. Les soviets, ou comités des soldats et ouvriers, détruisaient la discipline parmi les troupes et, acceptant le mot d'ordre allemand « paix sans annexions ni contributions », recommandaient aux soldats de fraterniser avec les compagnies spécialement organisées à cet effet par l'État-major allemand. Non content de faire le bonheur de l'empire russe, les soviets, sur lesquels les bolcheviks de Lénine et Trotski avaient la haute main, s'occupèrent d'organiser la Roumanie d'après le nouveau modèle russe. Il fallait détrôner le roi de Roumanie, renverser le gouvernement, le remplacer par le fameux espion bulgaro-allemand Racovski, et mettre à la place des commandants militaires des comités révolutionnaires.

Toute cette propagande allemande révolutionnaire ne trouva d'écho ni dans les troupes ni dans la population roumaines, mais le nombre des troupes russes se trouvant sur le territoire de Moldavie s'élevait à plus d'un million de soldats, ce qui constituait un grave danger pour le pays. Il fallut à la fois les ménager, car elles menaçaient de quitter le front, et leur inspirer le respect nécessaire pour les empêcher de répéter en Roumanie les excès qu'elles avaient commis en Russie.

Pendant que l'armée roumaine reconstituée prenait ses positions de combat, une série d'espions allemands traversaient les lignes russes et remplissaient leur service d'information à l'arrière du front; en même temps, les

procédaient par leurs compagnies de mitrailleuses, à une action identique sur le front bleu.

Le commandement supérieur russe, malgré sa bonne
volonté et son désir de vaincre, devenait de jour en jour
plus impuissant. Sur les trois armées russes du front
roumain, une seule pouvait encore se battre et
encore ne pouvait-on pas compter sans réserve sur toute
la troupe.

C'est dans ces conditions que l'armée roumaine com-
mença son offensive; elle devait se produire simultané-
ment avec l'entrée en action de tout le front russe.

Victoires roumaines : Mareshti, Marasheshti, Oïtuz

La onzième armée roumaine qui occupait la région des
montagnes, enleva en quelques heures les plus fortes
positions ennemies ; rien n'avait pu arrêter l'élan des
soldats. Aussi en deux jours tout le front de l'adversaire
était-il balayé sur une largeur de 30 kilomètres dont
le centre d'attaque était Mareshti. D'autre part, la préparation d'artillerie de la première armée roumaine avait
commencé entre Marasheshti et Galatz ; elle venait à
peine de s'arrêter, et les troupes se préparaient déjà à
l'assaut, quand un télégramme du premier ministre russe Kerensky, envoyé préalablement au soviet révolutionnaire de Iassy et ensuite au général en chef Tcher-
bacheff, intima l'ordre d'arrêter toute offensive.

Les troupes russes de Galicie et de Bucovine quittent
le champ de bataille en se retirant musique en tête. Il
fallait sans délai retirer la huitième armée russe de Moldavie et lui faire garder le front Nord de la Bucovine.

Il n'y eut pas de moment plus angoissant pour l'armée roumaine. Elle ne vivait depuis des mois que dans
l'espoir de cette bataille qu'elle était sûre de gagner com-

[...] les troupes qui reprenaient en [...] soldats et officiers. Les [...] Allemands, incessamment, profitaient de [...] tandis que les troupes, [...] en se débandant, [...] et officiers. Les germes de panique de [...] se [...] et [...] Pendant trois semaines, [...] s'attaquèrent sans relâche. Sous la pression de leurs [...] les troupes russes, qui n'avaient pas encore aban[donné] toute cette position se débandaient sans prévenir [qu']elles étaient attaquées, et laissaient des vides dans le [...] commandement. Aussi la tâche de nos troupes [n'était] [...] dure, car il s'agissait de combler ces vides avant que l'ennemi en profitât pour percer. Nos soldats se battirent avec un tel acharnement que l'ennemi ne put [...] à reculer nulle part, et ils reprirent même une [...] les tranchées cédées par les Russes aux Allemands [...] Autrichiens [...]

Au bout de trois semaines, l'effort allemand était complètement brisé. Dix divisions allemandes et plu[sieurs] divisions austro-hongroises étaient décimées et incapables d'une nouvelle action.

Les luttes de Marasheshti et d'Oituz sont certaine[ment] [...] de toutes les batailles de la guerre actuelle, celles [...] qui été données dans les conditions morales et maté[rielles] les plus précaires. Les officiers étrangers qui ont [...] ou ont assisté à ces combats sont témoins de la [...] incontestable des troupes roumaines, qui ont [...] constamment les meilleurs divisions bavaroises [...] l'armée Mackensen. Les prisonniers allemands ont [...] qu'à certains moments ils eurent l'impression de [...] [se retrouver] sur le front français. C'est sur ces victoi[res] [...] l'action militaire de la Roumanie en 1917.

Enrôlement volontaire des prisonniers roumains de Russie

Les officiers roumains de [illegible] austro-hongroise [illegible] prisonniers [illegible] en Russie, manifestèrent le désir de s'engager dans l'armée roumaine, pour [illegible] que [illegible] le désir de déserter [illegible] des hommes d'autres nations [illegible]. Les Russes [illegible] à l'enrôlement des volontaires transylvains dans l'armée roumaine. Ils objectaient qu'on leur enlèverait de la sorte de précieux ouvriers. Ce n'est qu'au milieu de l'année 1917 qu'ils finirent par donner leur consentement. L'état d'anarchie de la Russie n'influençait pas le moral des prisonniers roumains, mais les chances de réalisation de l'idéal national semblaient diminuer à mesure que le courant pacifiste gagnait du terrain. Aussi faisaient-ils preuve d'un réel courage en se présentant comme volontaires, ces prisonniers qui savaient qu'ils seraient fusillés s'ils étaient pris, et que leurs familles seraient soumises aux pires persécutions de la part des Hongrois dès que leur présence dans l'armée roumaine serait constatée. C'est néanmoins avec une grand enthousiasme que les Transylvains prisonniers en Russie s'engagèrent dans l'armée roumaine et formèrent des régiments entiers que le général américain Scott eut l'occasion de passer en revue. C'est seulement par suite des événements que ces engagements ne purent donner de bons résultats. Après la paix roumaine, une grande partie de ces volontaires s'engagèrent dans l'armée tchéco-slovaque, d'autres essayèrent de traverser la Russie pour entrer dans l'armée américaine.

La désorganisation des armées russes s'accéléra vers la fin de l'été 1917. Les soldats russes, obéissant à d'innom-

d'ordre, déclaraient qu'ils voulaient la paix et qu'ils quitteraient les tranchées aux premiers mauvais jours. Le terrain était bien préparé pour le bolchevisme. Toute résistance contre une révolution anarchiste était d'avance annihilée; les principes mêmes de la discipline et de toute administration régulière avaient été supprimés.

En octobre 1917, les agents allemands Lénine et Trotski deviennent les vrais maîtres de la Russie. Le chef d'État-major russe, le général Doukhonin est assassiné par un Allemand de la suite du compagnon Krylenko, nommé généralissime par les soi-disant commissaires du peuple. Les pourparlers d'armistice commencèrent, pendant que les soldats quittaient en masse le front et commettaient toutes sortes d'excès sur leur passage dans les campagnes et dans les villes qu'ils encombraient et saccageaient.

Les essais des Alliés pour former une armée d'Ukrainiens et de Cosaques, appuyée sur l'armée roumaine, ne réussirent pas, malgré les efforts du gouvernement et du commandement roumains. Tout le peuple et les troupes russes étaient intoxiqués de théories bolcheviques et pacifistes.

L'armée roumaine seule tenait bon. A mesure que les troupes russes se retiraient à l'arrière du front, les troupes roumaines les remplaçaient. A la fin, elles durent tenir effectivement tout le front russo-roumain sur une étendue d'environ 600 km.

La situation alimentaire devenait de nouveau très grave, parce que les centaines de mille de soldats russes qui se trouvaient encore en Roumanie, ne recevant pas de provisions de Russie, vivaient sur le pays.

Abandon par les Russes du front roumain

D'après l'ordre de Trotski, l'armistice des armées russes était arrêté, et malgré la résistance du commandement allié (du front roumain), les soviets de soldats traitaient directement avec les ennemis. Le général Tcherbatcheff, commandant de l'armée, pour éviter un désastre, et dans l'espoir que pendant les pourparlers, un commandement ukrainien pourrait être organisé, qui se résoudre à négocier lui-même cet armistice qui engageait, par la force des choses, les troupes roumaines encadrées à droite et à gauche par des troupes russes.

La situation devint abominable. Les troupes russes, en quittant le front sans ordre, volaient et incendiaient partout le pays. Plusieurs divisions roumaines durent être retirées de leurs positions avancées pour s'opposer à ces dévastations; d'autres allèrent occuper la Bessarabie, afin de protéger les dépôts alimentaires qui s'y trouvaient encore et qui constituaient l'unique réserve des armées russes et roumaines et de la population de Moldavie. L'occupation de la Bessarabie était commandée aussi par la nécessité de maintenir les communications avec l'Ukraine, par où passait l'unique voie reliant la Roumanie avec l'Occident. Le bolchévisme triomphant menaçait le pays roumain, et sur son territoire, et sur les lignes d'éventuelle retraite de son armée.

Ainsi, sur 15 divisions roumaines, deux furent obligées de passer en Bessarabie; les 13 autres devaient assurer un front de plus de 600 km. et désarmer les troupes russes qui se retiraient. Deux divisions roumaines désarmèrent plusieurs centaines de milliers de soldats russes. Il n'y eut que quelques combats; un régiment roumain avait raison d'une ou deux divisions russes. Ce n'est que grâce à la décision du gouvernement et du commandement et au courage des troupes roumaines, qu'on put éviter une effroyable catastrophe. La Roumanie fut délivrée de ses alliés, mais sa situation n'en resta pas moins entourée de dangers, du moment où les Austro-Allemands firent la paix avec les gouvernements d'Ukraine et de Pétrograde, qui n'étaient au fond que leurs créatures.

En effet, les troupes austro-allemandes occupèrent l'Ukraine et avançaient sur Odessa ; en même temps, six divisions autrichiennes étaient concentrées à la frontière de la Bucovine et de la Bessarabie, complètement dépourvues de défenseurs et pénétraient en Bessarabie par le Nord. La Roumanie était encerclée de toutes parts. Les Roumains avaient tenu jusqu'au dernier moment. Toutes les tentatives possibles pour refaire un front russe avaient échoué et les ennemis, ne voulant pas risquer d'attaquer le front de notre armée, l'avaient contournée.

De plus, la situation alimentaire de l'armée et du pays devenait de plus en plus angoissante. Sans la Bessarabie, qui pouvait fournir quelque nourriture, la famine était inévitable. Les chevaux épuisés par le manque de fourrages ne pouvaient plus traîner les canons et les convois. Les lignes de retraite étaient détruites par les armées russes.

C'est dans ces conditions que la Roumanie reçut l'ultimatum du maréchal Mackensen et se vit forcée de se résigner à traiter de la paix, avec l'espoir qu'un miracle se produirait peut-être sur le front russe.

Ce miracle ne vint pas. Victime de la trahison bolchévique, la Roumanie dut subir la dure loi du vainqueur.

LE SUPPLICE DE LA ROUMANIE

Mauvais traitements subis par les prisonniers roumains

Avant d'examiner le régime imposé à la Roumanie par l'occupation et la paix allemandes, nous exposerons brièvement la manière dont furent traités les prisonniers roumains en Allemagne et en Bulgarie. L'armée bulgaro-allemande fit en Dobrogea, environ 25.000 prisonniers ; on les confia aux Bulgares. Les blessés avaient été massacrés. Les prisonniers, dévalisés, dépouillés de leurs vêtements et de leurs chaussures, furent conduits en Macédoine afin de travailler aux tranchées. Il est impossible de décrire le martyre de ces malheureux. Aucune misère morale et physique, aucune souffrance ne leur fut épargnée. Sans vêtements, privés de nourriture, non chauffés pendant le dur hiver de 1916-1917, ils furent maltraités et frappés sur les places publiques des villes de Bulgarie. Les récalcitrants, la tête encapuchonnée dans un sac, étaient assommés à coups de hache et de pioche.

Les Bulgares ne faisaient pas de distinction entre les soldats et les officiers ; tous étaient astreints aux mêmes travaux, aux mêmes corvées, et tous ont subi les mêmes avanies. Les officiers roumains étaient forcés, à coups de gourdin, de casser les pierres sur les routes de Bulgarie.

La Croix-Rouge suisse, malgré les instances des gouvernements alliés, ne put pénétrer pendant plusieurs mois dans les camps de prisonniers roumains des Bulgares. Quand enfin les membres de la Croix-Rouge virent dans quel état se trouvaient les malheureux qui n'avaient pas encore succombé à la faim, au froid ou sous les coups, ils ne purent retenir leurs larmes. Sur les 25.000 prisonniers, il ne restait, au moment de la conclusion de la paix, que le quart, dont la plupart pouvaient à peine se traîner. Presque tous ceux qui sont rentrés en Roumanie sont tuberculeux.

En Allemagne, les prisonniers n'ont pas été beaucoup plus heureux. Les Allemands ont enfermé dans les camps de prisonniers, non seulement des militaires, mais aussi des civils qu'ils employèrent à leurs travaux. Quoique les Allemands aient enlevé de Roumanie plus de 400.000 wagons d'aliments, ils ont laissé les prisonniers roumains presque sans nourriture. On ne leur reconnaissait même pas le droit à une alimentation humaine. Les soldats ont reçu pendant des mois comme ration de la luzerne bouillie et les officiers des choux-raves. Le pain, fait avec de la farine dénaturée au pétrole, était une grande rareté dans ces camps, et considéré comme un aliment de luxe. Quelquefois on donnait aux officiers des plats répugnants comme du poisson pourri, arrosé d'ammoniaque. Les Allemands ont imité leurs alliés bulgares en ce qui concerne la nourriture de leurs prisonniers.

Lorsque l'échange des prisonniers dut avoir lieu, après la signature de la paix, les Allemands restituèrent uniquement les hommes qui ne pouvaient plus travailler à cause de leur épuisement. Ils les réconfortaient pendant quelques jours, afin de leur faire supporter le voyage, et les expédiaient ensuite en Roumanie où ils tombaient épuisés à la charge de leurs familles. Beaucoup sont morts, mais ceux qui ont échappé doivent leur vie à nos alliés d'Occident, lesquels avaient organisé, aux frais de la Croix-Rouge roumaine, des expéditions de colis d'aliments dans les camps de prisonniers.

Pour comble, les Allemands ont imposé à la Roumanie, par le traité de paix, de payer 2000 marks pour chaque officier prisonnier, et 1000 marks pour chaque soldat rendu vivant, 1000 marks par officier et 500 marks par soldat mort en captivité.

La Roumanie a rendu, avant même la signature du traité de paix, tous les prisonniers qu'elle avait faits. Les Bulgares ont refusé de les rendre avant qu'on ne leur eût remis gratuitement, en plus de l'indemnité, 11.000 tonnes de blé. Les Allemands ont exigé encore, à partir du 1ᵉʳ mars, un supplément de 2 marks et demi par jour et par soldat. Quoique le gouvernement roumain leur ait donné 125.000 tonnes de céréales en plus, ils refusèrent de rendre les prisonniers, de sorte qu'en octobre 1918, ceux-ci étaient encore en captivité, occupés à des travaux en Allemagne, aux frais de la Roumanie.

Régime de l'invasion et de l'occupation allemande en Roumanie

Pendant l'occupation allemande, la Valachie et la Dobrogea furent dévastées systématiquement, soit par les armées ennemies, soit par le soi-disant État-major économique allemand. Cette organisation méthodique du vol peut servir de modèle. Tout fut inventorié : la population roumaine de 14 à 60 ans fut forcée de travailler et les Allemands confisquèrent successivement tout le produit de ce travail, ainsi que tous les objets inventoriés, et les expédièrent en Allemagne. Les céréales, les cuirs, les étoffes, les fils, les vêtements, le linge, les tapis, les meubles, les ustensiles, les objets de ménage, les instruments, les objets d'art et les bibelots, tous les objets de métal, les cloches des églises, les toits des maisons, les machines industrielles, les tonneaux, les bouteilles, tout ce qu'on pouvait enlever fut envoyé en Allemagne ou consommé sur place par l'armée et par une troupe nombreuse d'agents civils et de familles allemandes.

Il fut interdit à la population du pays de consommer certains produits comme le lait, le beurre, les œufs, la graisse, les fruits, le vin, les légumes, le miel, la viande, la volaille, la laine, les peaux, les fils textiles. Tout fut enlevé pour l'exportation. La ration alimentaire fut fixée à 350 grammes de maïs ou à 300 grammes de blé par jour, ce qui, pour la population urbaine, constitua l'unique nourriture. En fait, on ne laissait aux habitants qu'un peu moins de la moitié de ces quantités. Aussi la famine traîna-t-elle à sa suite les maladies contagieuses et surtout le typhus exanthématique ; les Allemands ont réussi à rendre cette terrible maladie endémique dans le pays, tandis que l'épidémie de Moldavie, malgré l'encombrement de la retraite, était arrêtée en trois mois par les soins du gouvernement roumain. La population et surtout les enfants en bas âge de Valachie sont morts en masse de ce fait.

Les Allemands ont ainsi tout enlevé, sans rien payer. Pour ce qu'ils n'ont pas accaparé sans façon, ils ont émis des bons de réquisition et de faux billets de banque, au compte du gouvernement roumain, qui aura à payer de ce fait plusieurs milliards de francs. En outre, avec ces mêmes billets, émis sans couverture d'aucune sorte et sans limite d'émission, à la charge du gouvernement roumain, ils ont acheté des actions et des obligations des sociétés roumaines ainsi que des mines, des installations et des entreprises de commerce ou d'industrie, et même des immeubles et des propriétés rurales.

Une très grande partie de la fortune publique de la Roumanie a passé de la sorte entre les mains des Allemands ou de leurs sociétés. D'autre part, ils ont mis sous administration forcée les biens des propriétaires enfuis devant l'invasion ou évacués, et se sont approprié tous leurs revenus et leur fortune mobilière.

Dans les trois quarts du territoire économique de la Roumanie, chez le riche comme chez le plus pauvre habitant, il ne reste plus que ce que les Allemands ont dédaigné, c'est-à-dire presque rien.

Le traité de paix, sans mettre terme au pillage du pays, est venu confirmer tous ces vols, et de plus toutes les contributions imposées aux districts et aux communes.

L'on peut dire sans crainte d'erreur que les dommages directs subis par la Roumanie du fait de l'occupation et de la paix allemandes se chiffrent à au moins 30 milliards.

Pour se faire une idée de l'énormité de ces chiffres, il est intéressant de les comparer aux chiffres statistiques que nous avons donnés plus haut, et qui sont les témoins de la richesse du pays, avant son entrée en guerre.

Le traité de paix de Bucarest

Nous ne résumerons pas le traité de paix, trop long et trop connu, mais nous indiquerons seulement les principes imposés par les plénipotentiaires allemands.

1° Annexion de la 6ᵉ partie du territoire roumain.

2° L'accès de la Roumanie à la mer est supprimé. Le Danube est transformé en fleuve allemand-austro-hongrois. De la sorte, la Roumanie est embouteillée.

3° La Roumanie, par la perte de ses montagnes et de la Dobrogea, devient un pays sans frontières défendables et ouvert à toutes les invasions hongroises et bulgares.

4° L'armée roumaine est réduite à un quart de son effectif de paix et son armement est mis sous la surveillance allemande.

5° L'Allemagne et l'Autriche-Hongrie monopolisent les pétroles roumains. Deux armées ont rasé presque toutes les forêts roumaines et l'Autriche-Hongrie s'empare de ce qui en reste, soit par l'annexion des montagnes, soit par les concessions nouvellement accordées aux sociétés austro-hongroises ou par les anciennes concessions que le traité de paix a prolongées. Les Allemands ont acheté, avec de faux billets, les mines de lignite roumaines. La Roumanie ne disposera plus d'aucun combustible, ni de bois de construction.

6° L'industrie roumaine est détruite, tant par le démontage et l'exportation des machines, que par les mesures, inscrites au traité, empêchant la réorganisation et le fonctionnement de toute industrie.

7° Les Allemands monopolisent les céréales et les autres produits agricoles roumains, pendant 9 ans, en fixant des prix qui sont une ruine pour les agriculteurs. Le gouvernement roumain paiera ces produits au compte des contributions de guerre ; le surplus sera restitué par l'Allemagne de la manière qui lui conviendra. Les consommateurs roumains paieront plus cher leurs aliments et les ouvriers seront soumis au travail forcé et à des salaires minimes, afin que l'agriculture puisse produire sans perte pour l'exportation. La population sera rationnée, sous la surveillance et avec le consentement d'une commission allemande.

L'outillage des pêcheries de la Dobroudja a été aussi enlevé.

8° Les Allemands monopolisent l'importation roumaine par le fait de l'impossibilité qu'ils imposent à la Roumanie d'envoyer ses produits en échange de ceux qu'elle voudrait importer d'un autre pays.

D'autre part, monopolisant par une commission financière les crédits roumains sur l'étranger et dirigeant l'économie nationale roumaine par leur commission économique, aucune transaction ne pourra se faire que par l'intermédiaire de l'Allemagne.

Les Allemands auront le contrôle des opérations de la Banque Nationale de Roumanie, de la Caisse centrale des Banques et des Coopératives populaires.

9° Le territoire de la Valachie reste sous le régime de l'occupation allemande un temps indéterminé, pendant lequel le régime des ordonnances Mackensen régira le pays.

Les chemins de fer roumains sont exploités par l'administration allemande, qui en encaisse les revenus. Les postes, télégraphes et téléphones, ainsi que l'administration du pays seront sous le contrôle allemand.

L'armée d'occupation pourra faire les réquisitions qu'elle jugera nécessaires en Valachie, et demander au gouvernement roumain de les faire pour elle en Moldavie et en Bessarabie. L'entretien de son armée et la solde de la troupe, des officiers et des organisations allemandes seront à la charge du gouvernement roumain.

La somme nécessaire a été fixée à 300 millions annuellement, c'est-à-dire à la moitié des encaissements de l'Etat. On demande ensuite de porter cette somme à 600 millions de francs.

Les mines de sel de l'Etat roumain seront engagées par des contrats à longue échéance, passés par la Kommandantur allemande avec une société autrichienne pour l'exportation en Bulgarie.

10° La Roumanie paiera des contributions, des indemnités et des dédommagements de guerre de plus de 5 milliards de francs. Une partie de ces indemnités est censée représenter les préjudices moraux causés aux sujets des puissances centrales, internés pendant la guerre; l'autre, les pertes de bénéfices possibles pendant la même période. D'autres encore sont établies pour payer les travaux stratégiques de l'armée ayant opéré contre la Roumanie, et pour les achats d'immeubles et de meubles faits par les sociétés ou les sujets allemands, au compte du gouvernement roumain.

11° Tous les jugements des tribunaux militaires pendant l'occupation allemande, passés ou à venir, sont reconnus légitimes et exécutoires (1).

Tous les actes des administrateurs sont tenus pour légaux.

12° La Roumanie est contrainte d'amnistier tous ses traîtres, espions, insoumis, déserteurs, condamnés ou susceptibles de l'être par les tribunaux civils ou militaires.

13° Les conventions de commerce roumaines avec l'Allemagne et ses alliés sont revisées suivant les intérêts de ces pays qui imposent à la Roumanie les tarifs qui leur conviennent, tout en restant libres eux-mêmes, quant à leurs tarifs d'importation.

Les tarifs de chemin de fer roumains pour les marchandises allemandes et austro-hongroises sont imposés par le traité. La Roumanie est forcée de tripler ses tarifs pour sa circulation intérieure, afin de compenser les déficits en résultant. Il en est de même pour la navigation roumaine.

Les navires roumains n'auront pas le droit de quitter les eaux territoriales pendant cinq ans.

____

(1) Les sociétés et les sujets allemands ou leurs alliés ont gagné 10 millions par les sentences des tribunaux militaires.

[...] la Roumanie adopté [...] l'obligation [...] avait été [...] aux engagements et à l'annexation [...] vient que la Belgique pourrait demander. Elle con[...] convention pour les dommages allemands.

Comment assurer la paix roumaine.

Pour en revenir au régime que l'Allemagne impose à la Roumanie, bien entendu, après la défaite de l'Allemagne, tout ce qui regarde l'avenir disparaîtra avec la puissance militaire de celle-ci. Il restera néanmoins des pertes en elles-mêmes irréparables, par exemple celles subies par l'armée et la population décimées par la guerre et la famine, celles aussi résultant de la destruction des forêts. D'autres nécessiteront des mesures spéciales pour être réparées ; par exemple l'enlèvement du bétail et de l'outillage agricole qui ont rendu une partie du sol roumain improductif. La destruction de l'industrie, l'enlèvement du matériel et d'objets de toutes sortes ont ruiné l'économie générale et domestique et cette ruine s'ajoute à celle du pays (1)

D'autres grands pays dévastés par la guerre, comme la France ou la Russie, dont une surface relativement restreinte a été envahie et saccagée ont conservé du moins la fortune demeurée intacte dans le reste du territoire et pourront se réparer par un surcroît d'activité. Mais le territoire de la Roumanie entière, aussi bien que celui de la Belgique et de la Serbie, a été soit éprouvé, envahi et anéanti par les puissances centrales, soit épuisé et pillé par les Russes. Toute la Roumanie ayant été zone de guerre ne pourra se reconstituer qu'à la longue

(1) Sans compter les dépenses de guerre qui s'élèvent à quinze milliards.

[illegible] d'être pour cette solution, mais elle est demandée par la
[illegible] majorité. Elle doit être respectée.

Les provinces roumaines de Hongrie et de Bucovine comptent un certain excédent de population roumaine qui ne manquera [1]. La Roumanie aura besoin de ses constructions nouvelles en bon nombre, elle a la plus [illegible] nouvelles facilités pour rétablir en partie son industrie et reprendre ses travaux publics. L'union de toutes les provinces roumaines créera l'atmosphère morale nécessaire à la population pour travailler avec la conscience du devoir accompli, pour progresser dans la sécurité et pour assurer dans l'avenir la protection de ses frontières.

État d'esprit du peuple roumain

Le peuple roumain ne connaît pas la haine telle qu'elle est pratiquée par les Prussiens, les Hongrois, les Bulgares. Avant la guerre actuelle, il n'avait d'aversion que contre les Hongrois persécuteurs de sa race. Même aux heures de guerre, pendant l'occupation de la Bulgarie en 1913, l'armée roumaine s'est conduite avec une douceur telle qu'elle étonnait ses voisins barbares. Tout était payé au prix normal, rien n'a été dérobé et personne n'a été maltraité.

Les prisonniers étaient renvoyés dans leurs foyers, les officiers internés en Roumanie ont été traités comme des hôtes et rien ne leur a manqué.

Même les journaux hongrois ont reconnu que pendant l'invasion en Hongrie les soldats et les officiers

[1] Un million de soldats et de civils roumains environ sont morts du fait de la guerre.

roumains se sont conduits comme des hommes civilisés, qu'ils ont respecté les propriétés et les sujets ennemis. Les prisonniers faits par les Roumains ont toujours été mieux traités que leurs propres troupes.

Les excès des Allemands en territoire occupé, leur manque complet de tout sentiment d'humanité, leur brutalité, l'absence en eux de tout scrupule et surtout la malhonnêteté et la corruption dont la grande majorité des militaires et des agents civils allemands se sont rendus coupables, ont inspiré aux populations envahies un sentiment de mépris et de haine qui ne s'éteindra pas facilement. Les Allemands, quoique jouissant de peu de sympathie étaient admirés avant la guerre, ils sont maintenant considérés par tout le peuple comme d'irréconciliables ennemis.

Ni les souffrances de la guerre, de l'invasion et de la paix allemande, ni les souffrances actuelles n'ont pu démoraliser les Roumains et n'ont obtenu l'effet déprimant que nos ennemis escomptaient pour mieux asseoir leur domination.

Tout le monde, dans les villes aussi bien qu'au fond des plus humbles villages, a foi dans l'avenir. Les paysans collent l'oreille contre la terre, croyant entendre le bruit des canons alliés qui s'approchent, prêts à reprendre leurs fusils et à repartir en guerre pour venger leurs frères morts, et se réunir à ceux d'au delà des montagnes. Le moral dans la souffrance est aussi élevé qu'il l'était au début de la guerre (1).

---

(1) Il n'y a pas à tenir compte des manifestations de quelques germanophiles et des actes du gouvernement Marghiloman : le peuple roumain n'a rien de commun avec ces hommes.

Conséquences de l'effort roumain

L'action de la Roumanie, quoique n'ayant pu produire l'effet désiré, à cause d'événements étrangers à sa volonté et indépendants de son effort, a néanmoins rendu aux Alliés de signalés services.

L'Allemagne, pour faire face au danger roumain, a dû dégarnir tous les autres fronts. L'armée de Mackensen, de beaucoup supérieure à celle de Sarrail, dont elle connaissait la faiblesse aurait pu infliger à celle-ci une défaite décisive.

En débarrassant l'armée alliée du Sud de 9 divisions bulgares et allemandes, la Roumanie a permis au général Sarrail de se maintenir et plus tard d'organiser les forces grecques.

En contraignant quatre divisions d'infanterie et deux de cavalerie allemandes à se retirer du front français, les Roumains ont collaboré au sanglant échec infligé aux Prussiens par la vaillance des troupes françaises à Verdun.

Les Italiens à leur tour ont été allégés de 2 divisions autrichiennes et le résultat de cette manœuvre a pu être ressenti dans le Carso.

Enfin l'effort de l'armée de Falkenhayn s'est porté sur la Roumanie, au lieu de peser sur l'armée de Broussilof. La Roumanie a attiré contre son armée 37 divisions ennemies choisies parmi les meilleures. Ces divisions ont subi des pertes très grandes sur le front roumain et cette diversion a eu sa répercussion sur tous les autres fronts jusqu'à la défection russe.

La résistance de l'armée roumaine, son exemple, son influence, ses menaces même, ont ajourné la débâcle russe de plusieurs mois. Le front russe de Roumanie a été le dernier à subir sa part du désastre général du grand empire. L'offensive allemande en France a été ajournée de l'été de 1917 au printemps de 1918, ce qui a donné à l'armée américaine le temps de débarquer.

On peut sans exagération conclure de ces faits que la Roumanie, au prix de sa ruine même, a joué un rôle capital au cours de la phase la plus critique de la guerre mondiale.

[illegible] d'ailleurs que [illegible]
[illegible] dans son [illegible]
[illegible], elle sera tentée de recommencer. [illegible]
Ceux qui connaissent la persistance que le peuple allemand a toujours mise à atteindre son but, ne peuvent douter qu'il continuera son action par d'autres moyens. Le terrain est d'ailleurs très propice.

L'Autriche-Hongrie est, par le fait de la guerre actuelle, sous la complète dépendance de l'Allemagne. Les Allemands d'Autriche et les Hongrois ont été les plus fermes soutiens de l'Allemagne pour la déclaration de la guerre et pour le maintien de l'alliance des puissances centrales. Ces deux peuples de la monarchie austro-hongroise ne peuvent maintenir leur suprématie sur les autres peuples de l'empire qu'avec la protection allemande. D'autre part les Allemands et les Hongrois, dans la formation actuelle de la monarchie, assurent à leurs alliés naturels de Berlin, non seulement le concours de leurs propres forces, mais la collaboration de plus de trente millions d'hommes appartenant à d'autres peuples qu'ils maintiennent sous leur joug, contrairement aux intérêts et aux aspirations des nations slave et roumaine. Ils ont trouvé un allié précieux dans la Bulgarie, entraînée par la même folie de grandeur et de domination dans la péninsule balkanique.

De quelque manière que soit réglée la question de la réduction des armements, une alliance entre l'Allemagne, l'Autriche-Hongrie et la Bulgarie, qui compteraient ensemble 135 millions d'habitants, constituera un danger permanent pour l'Europe.

[...] oques et à la destruction de Roum[...] qui [...]
[...] son gouvernement. Le peuple [...]
qui est incapable de réagir.

La Russie dégagée [...] ne se confine pas [...]
ses forces libérées. Au lieu d'être de contre-poids [...]
[...] de l'Allemagne, elle [...] détruire par [...]
[...] les autres [...] plus que [...]
[...] augmentera la destruction [...] sa situation
[...] sont ouverts. Un cordon d'États [...]
[...] tel que la Bohême, la Pologne, la
Roumanie pourrait seul empêcher cette [...]tion.

C'est par la conquête pacifique de la Russie, c'est par
son influence sur l'Autriche-Hongrie et sur la Bulgarie,
et c'est aussi par l'incapacité de résistance de la Roumanie et de la Serbie, trop faibles dans leur constitution actuelle et trop éloignées de leurs alliés, que l'Allemagne pourra devenir demain maîtresse de tout
l'Orient européen et de toute l'Asie occidentale. Alors il
n'y aura plus de coalition de puissances qui puisse lui
résister.

Dans cette guerre la Roumanie a fait ses preuves.
Elle a montré qu'elle sait faire son devoir jusqu'au bout.
Si elle a succombé, c'est parce que, dans son territoire
actuel réduit et de forme artificielle, elle ne pouvait se
défendre et parce qu'elle était trop faible numériquement
pour résister seule.

Tous les peuples d'Europe ont reconnu au pays un
main un rôle important dans l'Orient. Il doit tenir les
bouches du Danube, en garantir la liberté de navigation
et, d'autre part, contribuer à assurer à Constantinople
une situation en accord avec l'importance mondiale que
sa situation géographique lui donne.

La Roumanie a été dans le passé le défenseur de l'Europe contre les invasions turques et tartares. Après la
guerre de Crimée, la France et l'Angleterre l'ont aidée à

se constituer comme une barrière à l'avance russe dans la péninsule balkanique. En ce moment elle forme avec la Serbie et la Grèce les seuls Etats qui puissent barrer sur place la route au pangermanisme rêvant toujours de conquérir le monde oriental. Ces pays, aujourd'hui trop petits et trop faibles, demain unis et agrandis par des territoires peuplés de leurs conationaux aideront à empêcher la réalisation du rêve de grandeur des Allemands, rêve qui vient d'échouer, mais qui pourrait plus tard se réaliser si les nations luttant pour la liberté du monde s'arrêtaient en chemin avant d'avoir donné la solution définitive aux droits des nationalités. Les solutions incomplètes et boiteuses seraient des sources de conflits inévitables dans l'avenir.

Depuis plus de 150 ans la situation de la Turquie, dont les facultés ne correspondaient pas à ses appétits, a été cause d'un état de désordre et d'insécurité permanents en Orient, et, par suite, la source de troubles et de guerres en Europe ; dorénavant c'est l'Autriche-Hongrie avec ses peuples opprimés qui deviendrait le foyer de pareilles fermentations dangereuses pour la paix du monde.

Aucune nation opprimée et consciente de ses droits, à cette heure où tous les peuples tendent vers leur unité nationale, ne peut plus tolérer l'esclavage.

Pour toutes ces raisons, le peuple roumain, dont l'avenir dépend de la sécurité de ses frontières et de la réalisation de son intégrité ethnique, ne peut renoncer à son idéal d'unité.

Il faut que la grande question des nationalités, posée par les Alliés, soit résolue définitivement à la paix générale, afin d'assurer au monde le long régime de justice et de paix pour lequel tous les peuples de l'Entente ont consenti de si lourds sacrifices et ont si vaillamment combattu.

TABLE DES MATIÈRES

Imp. Dubois et Bauer, 34, rue Laffitte, Paris.

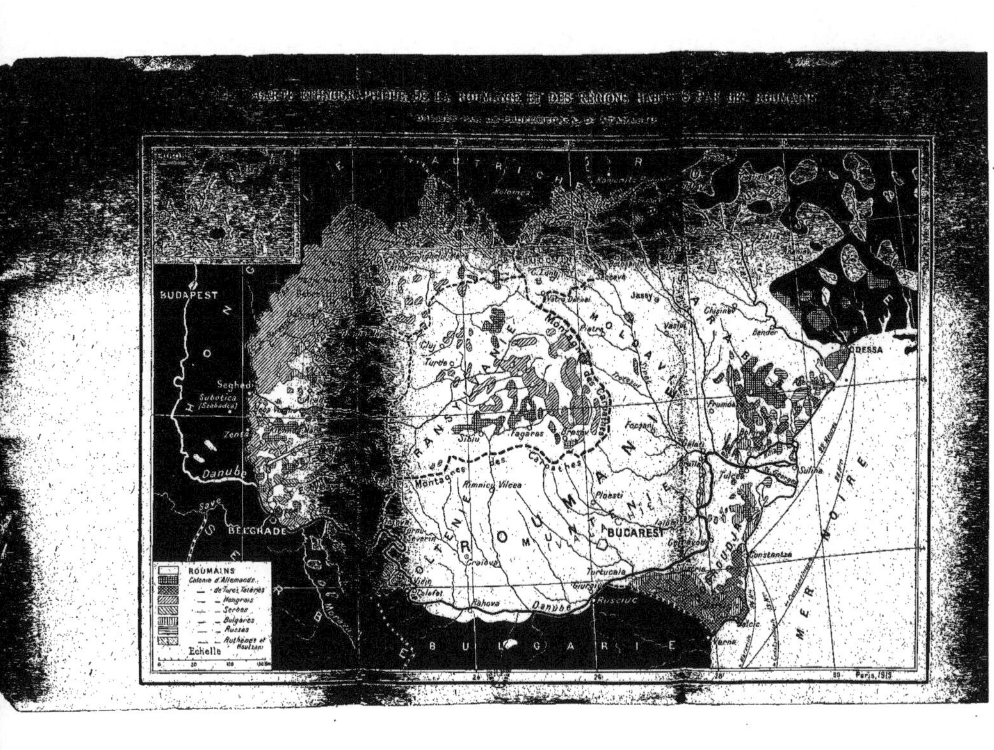

CARTE ETHNOGRAPHIQUE DE LA ROUMANIE ET DES RÉGIONS HABITÉES PAR LES ROUMAINS
AUTRICHE
Kolomea
Kamenitz
BUDAPEST
Seghed
Subotica (Szabadca)
Zenta
Danube
Save
BELGRADE
ROUMAINS
Colonie d'Allemands
de Turcs Tatares
Hongrois
Serbes
Bulgares
Russes
Ruthènes et Houtzan
Echelle
Cluj
Turda
Sibiu
Fagaras
TRANSYLVANIE
Montagnes des Carpathes
Rimnicu Vilcea
OLTENIE
Turnu Severin
Vidin
Calafat
Rahova
Danube
Craiova
Giurgiu
Turtucaia
MOLDAVIE
Montagnes des Carpathes
Piatra
Jassy
Vaslui
Chisinev
Bender
ODESSA
Focsani
BESSARABIE
Galatz
Braila
Ploesti
MUNTENIE
BUCAREST
Tulcea
Sulina
DOBROUDJA
Constantza
Rusciuc
Silistrie
MER NOIRE
Varna
B U L G A R I E
Paris, 1919

www.ingramcontent.com/pod-product-compliance
Ingram Content Group UK Ltd.
Pitfield, Milton Keynes, MK11 3LW, UK
UKHW022118070726
13613UKWH00003B/1146

9 782019 936846